天津皇会

静海县台头镇大六分村登杆圣会

冯骥才 主编

史静 管淑珍 著

史静 摄影

山东教育出版社

天津市静海县大六分村登杆圣会约成立于一七四三年，据传当年天气大早，当地百姓吃水成问题，于是小白龙为民上天求雨，死后其骨节变成了会里的杆，人们根据小白龙上天求雨的动作发明了杆会的动作，自此，有了登杆圣会。目前为市级非物质文化遗产。

本丛书为国家社会科学基金艺术学项目

"现代社会转型期天津皇会的研究"系列成果之一

总序

文化存录的必要

冯骥才

在时代急骤转型时，一部分民间文化的消失在所难免。

这种消失，有的是物换星移与新旧交替之必然，有的则因为失去了存在的土壤，无法再活下去；这是一种无可奈何花落去，一种在时代更迭和进程中的"正常死亡"。

当然还有一种"非正常死亡"：或由于利益驱动，自我割除；或由于浅薄无知，信手扬弃；或由于对致富的心情过于急切，草草处决了历史生命。故而，对于现存的活态民间文化遗产，我们必需抓紧做的事：一是力保，一是存录下来。

存录，就是在一项民间文化（即非物质文化遗产）尚在活态时，抓紧对其进行全面的田野调查，同时运用各种技术手段，尽可能将其完整地、客观地、翔实地记录与保存下来。存录的目的是把动态的、不确定的、分散存在的、保留在人们的记忆、行为或口头上的文化遗产，采集下来，进行科学整理，从而为该遗产建立一份永久性的档案。

这样做的目的，一方面使我们对自己的遗产有完整而清晰的认识，有了必备的文献性的依据；一方面在其不可挽留时，还备有一份历史存照，不致烟消云散，化为乌有。这既是对遗产的科学态度，又是对历史创造应有的尊重，也是遗产学的工作之本。

十年来，存录的做法一直贯穿在我们文化遗产抢救的始终，如在中国木版年画、剪纸、唐卡、泥彩塑等诸多方面都进行了系统的存录和建档的工作。历史上，我们对民间文化多是成果或作品的采集。很少通过人类学、民俗学、历史学、民艺学等多学科的交叉和综合角度，进行整体的考察与田野记录，很少使用口述调查与音像记录等手段。这种方法是我们在社会转型期间，对中华民族的历史创造进行地毯式田野抢救时所采用的一种创造性的学术方法。在2009年举行的"田野的经验"国际会议上得到与会各国专家的认可和肯定。

十年来在全国各地已有很多学者与专家对某一专项民间文化遗产抢救时，也使用了这种方法。

这里则是对国家非遗的"皇会祭典"进行了如是的调查、整理和存录。

曾经兴盛于北方重镇天津、从属于妈祖祭典的皇会，具有深厚的文化内涵，浓郁的历史情韵，严格的程序套路，高超的表演技艺与强烈的地域精神。我国民间花会遍布民间，呈现于各地庙会与民间节庆中，像天津皇会这种大规模的都市民俗尚不多见。尤其令人惊讶的是，在当代都市大规模改造和居民动迁之后，这种民间结社性质的许多老会，依然"气在丹田"，凝聚不散，自行组织，自发活动，并没有被商业化，依然朴素地保持着民间文化的纯正性，为当今社会所罕见。表现了这一地域文化曾经扎根于民间之深之牢。同时我们也看到，在现代强势的都市文明的冲击下它面临的黯淡的前景与日渐消解的现实。为此，为这一城市的历史文化遗产建立科学的文化档案是我们必须承担的使命。

天津皇会始于清初，每年阳春三月海神妈祖诞辰吉日举行庆典，城郊各会齐聚天后宫，上街巡游，逞能献艺；一时城中万人空巷，会间百戏杂陈。极盛时期各类花会多至千余道。三百年以来，时代变迁，社会更迭，及至"文革"后百废待兴之时，尚存近半；然而，它所经历的最大的挫折应是近三十年的现代化冲击，致使当下仅存的老会不及百道。对其进行调查、整理、研究、存录及保护，给予主动和积极的学术支撑，都是刻不容缓的事。故此，我院一边将"现代社会转型期天津皇会的研究"作为重点科研课题（已列入国家社科基金学术研究项目）；一边对重点老会开展调查，逐一建立档案。本书便是该档案的文字与图片部分。

此次为皇会立档，一要做史料考证，二要做田野调查。前者求实，后者存真。对每道皇会都涉及其历史沿革、重要人物、技艺特征、音乐曲谱、器物种类、文献遗存、会规会约、传承谱系等等，这些历史上都鲜有记录。调查与印证之难自不必书，存录的价值与意义自在其中。应该说对这一历经数百年极具特色的民俗文化，在其濒危之际，将其完整又翔实地存录下来，亦是一个小小的历史性的贡献。

我很高兴，这项工作已被我院一些年轻的师生承担起来了。由于他们此前完成了《中国木版年画传承人口述史丛书》，我相信这一套天津皇会档案能达到应有的文化质量与价值。

文化的存录对一个民族来说，是记忆，是积累，是面对过去、更是面对未来必需做好做细做扎实的事情。

是为记焉。

2013年5月31日

于天津大学冯骥才文学艺术研究院

目录

第一章

源起、沿革与文化空间

一、社区历史文化概况

大六分村登杆圣会位于天津市静海县台头镇。静海县从东周时期已有先民活动，明洪武初年定名静海，沿用至今。因此，静海古迹遗址较多，有西钓台西汉古迹遗址、西翟庄西汉古迹遗址等。寺庙有三皇阁、移兴寺、庆云寺、文庙、城隍庙、龙行寺、报恩寺、华严寺、魁星阁、真武庙、西山寺、西峰寺、清凉寺、洪阳寺、关帝庙、娘娘庙、龙王庙、火神庙、药王庙等，众多的庙宇形成了静海县多神信仰的信仰空间，这些信仰与人们的日常生活紧密相关，信众祈求神灵，是为了得到神的恩惠，这是一种神人互惠的关系，以庙会为信仰圈形成的各会的行会与走会更多的是一种日常生活的延伸。

静海地处九河下梢，地势低洼，经常春旱秋涝，发生蝗灾。"据史料记载，从乾隆十二年（1747年）至1990年间，洪、涝灾发生120次，洪、涝灾机遇50%，相当于两年一次。旱灾46次，旱灾机遇19%，相当于5年一次。"[1]旱灾多发生在春季，洪涝灾多发生在夏季，一年内总是有春旱、夏涝、秋旱的交替变化，有的时候会出现连旱、连涝的情况。民间谚语云："八月初一下一阵，旱到来年五月尽。"这些恶劣的气候情况使人们在面对许多无法解决的自然灾害时更倾向于向神灵祈祷，静海县的

1.静海县志编修委员会：《静海县志》，天津社会科学院出版社，1995年，第112页。

一些花会即与此有关。

静海地多斥卤，旱、涝、碱是主要自然灾害，人民生活困苦，历代喝苦水，因此当地流传着"春季白茫茫，秋季水汪汪，春种秋不收，糠菜半年粮"的说法。贫瘠的土地、艰苦的生活使人们更需要通过祭拜神灵来解决生活中的难题。静海人民历代以务农为主要生存手段，经商次之。静海又是水乡，捕鱼者众，当地有"让鱼头"的传说。渔民于海中捕鱼时，前面的几条大鱼便为鱼头，这几条大鱼不能捕获，只能捕获大鱼后面的鱼，这些鱼往往比前面的鱼小，这叫让鱼头。如果不让鱼头，捕鱼时必定会有危险，现实生活中的诸多禁忌传承的是集体生活模式与人们的恐惧心理。

静海县的民间花会始于明代，花会属于民间组织，多以地域性和业缘性为主要的组织模式，始见于明朝中叶，有"文会"和"武会"之分，最早称香会，后改为花会，多是在民间宗教祭典仪式的基础上发展而成。大六分村登杆圣会即是伴随着求雨习俗而发展起来的一种民俗活动。据《静海县志》记载，1936－1990年间，全县共有43种表演形式、156道花会，可分为四个类别：

1.秧歌类。高跷会23道，小车会21道，地秧歌会8道，落子会7道，碌碡会6道，大头娃娃会3道，大车会2道，儿童相歌、太平鼓、女中杰、五虎、双车、打判官、戒赌会各1道。

2.道具类。龙灯会13道，狮子会4道，长亭会3道，旱船会2道，竹马、法鼓、兔子、云彩、宝辇、挎鼓、重阁会各1道。

3.武术杂技类。少林会23道，中幡会3道，杠箱会2道，滚灯、五人义、老少换、锣鼓棒、摔跤、杆会各1道。

4.祭祀类。三佛会3道、绿轿接驾、众善、提炉、跑落、八大帅、鬼会、叉会、上善老会各1道。

　　这些会在"文革"时期都遭到很大程度的破坏。在20世纪80年代重新复兴之后，主要于正月十三、十四、十五、十六出会，多以走街串巷为主，成为年节期间主要的花会活动，只有在正月十六看了这些花会的表演，年才算真正地过完。这些花会和宗教民俗活动联系密切，演出活动多依附于各庙的庙会、神诞和各种节令庆典。其中，大六分村登杆圣会目前是天津市唯一一个仍在活态传承的杆会。

　　静海县有子牙村，子牙钓鱼台位于东子牙村西300米处。民国《静海县志》载："邑西子牙镇，相传为姜太公钓鱼处，故河名子牙河，镇名子牙镇。尤奇者，北有尚家村，多尚姓。镇（子牙镇）内多吕姓、姜姓，均自称为太公之裔。"相传商末姜尚避纣于此，子牙河因以为名。子牙河也叫西河，发源于山西，因流经河北献县的子牙镇而得名。子牙河在静海县有大清河汇入，在天津市红桥区的三岔口汇入北运河。由于子牙河上游各支流坡陡流急，下游排水不畅，经常发生水灾。大六分村也是排水之地，村外的马路高达8米，即是堤坝。台头镇的几个村名的来历和子牙河紧密相关：这里成为退海之地后，陆续有人在子牙河畔用苇

子牙河

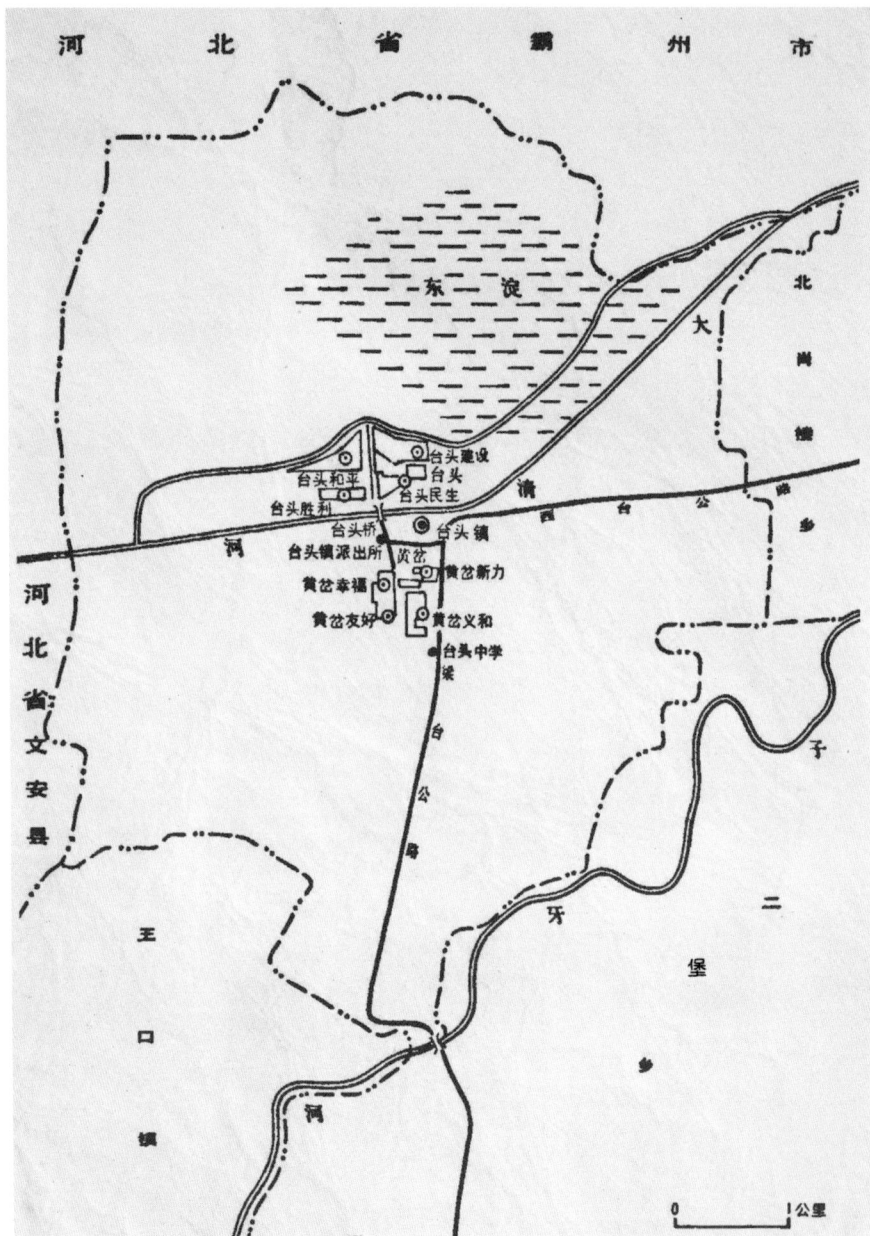

天津市静海县台头镇地图

子搭成席棚睡觉，就形成一堡（当地称pù）、二堡……一直到十一堡等村落。大六分村紧邻子牙河，村民在农闲时要靠拉短纤为生，从三岔口一直拉到河北省衡水市。船大者一般雇10人拉纤，船小者雇5人拉纤，都是逆水拉船，拉末纤的最费劲，当时运送的主要是洋面、洋火和洋油，尽管沿途风险颇大，纤夫们却并不敬河神与海神，出门都求药王保佑平安，药王成为当地最主要的一个神灵信仰。

台头镇位于静海县西北隅。北界河北省霸州市胜芳镇，西界河北省文安县滩里乡，南邻王口镇和梁头镇，东连独流镇。海河的主要支流大清河流经此镇，主要生产棉花、西瓜等经济作物。史书《清高宗实录》和《乾隆帝起居注》中记载，乾隆皇帝曾五次驻跸于台头行宫，所以当地流传着许多和乾隆皇帝相关的民间传说和故事。

台头镇子牙河这一带的村落，分别有一堡、二堡、三堡、四堡、五堡、南坝台、姜家场等，共有6000来口人。附近的村子有各种花会，如

大六分村石头界碑

姜家场有少林会，三堡有音乐会，二堡有秧歌会，王口村有女中杰秧歌、狮子会、龙灯会、小车会等，一共有七八道会。随着城镇化建设的发展，不少花会所在的村落面临改造或拆迁，或者由于村中的年轻人出外打工者多，造成村落的"空巢"现象，或者因为村中孩童无人演练，造成了传承人断档、传承难以为继的现象，目前还可以拉出来演出的最多不过三道会。以前台头镇除了大六分村有登杆会外，其他村也有登杆会，据传，大六分村的登杆会还是由别村的登杆会所传授，但是现在其他村的登杆会已经消失，只剩下大六分村的登杆会尚存。

大六分村原属于二堡乡，该村形成于清康熙年间，其来历有两种说法。大六分村的历史没有文字记载，约有300年历史，在子牙河南岸，北边是东淀洼，南边是贾口洼，西边是文安洼，它地处九河下梢，地势比较洼，此地退海有地之后，渐渐有了居民。该村居民都是从周围历史比较悠久的村迁移而来，据传说，最早来了孙家、张家、刘家、李家、朱家等六户人家，一家分一条地，一共分成大六份，所以叫大六份村，后逐渐演化为大六分村。还有一种说法是，民国期间大六分村划分两个县管，村东归河北省（直隶）静海县管，村西归大城县管。村里有界碑，大城占六，静海占四，所以，村子叫大六分村。在民国的时候抓壮丁，大六分村村民也沾这个光。在大城县抓兵，站在静海县那边，他就不敢抓；在静海县抓兵，就到大城县站着，也不敢抓。大六分村沿子牙河呈条块状分布，有东西向和南北向街道各2条，大多是砖平房。经济以农为主，主产小麦，兼种西瓜、芦笋等，打渔、织席是村中的传统副业。

大六分村1958年成立人民公社，这段时间村民吃大锅饭，集体劳动，一个生产队不到300人，主要以农业为主，老百姓劳动记工分，经济没有太大发展，村民只能解决温饱。后来村里建了钢窗厂等几家工厂，"上山下乡"运动开始以后，由于部分知青的家长在天津制鞋厂工作，村民就给这些制鞋厂做外加工，可以挣点福利。改革开放后，村里的个体户、商户逐渐增多，还出现了建筑队，但大六分村仍然是农业乡镇，不是企业乡镇，依靠农业扶植，积累了一定的资源，比周围的村发展好，20世纪90年代初，大六分村的存款占全镇的三分之一。

大六分村现在一共有384户人家，1183口人，土地3200亩，村民都是汉族，风俗习惯无论是婚俗、丧俗还是年俗等都相差不多。姓氏有二三十个，比较大的

村貌图

大六分村植树造林工作一向成绩突出

李姓有110多口人，占了全村人口的十分之一；刘姓家族有90多口人，也占将近十分之一。村民家族意识强烈，多依家族传承而居住，因为静海县的大姓的祖先多为明建文年间（1399—1402年）随燕王扫北而在此定居的官兵和永乐年间（1403—1424年）山西、山东的移民，外来移民更易团结。目前，大六分村一共分为四个大队：一队、二队、三队、四队，杆会上的会员分属于这四个大队，但是只要出会，四个大队的男人就能聚集到一起，不出会时，也都可以去会中聊天演练。

大六分村一带还处于林海示范区内，静海县的林海循环经济示范区涉及五个乡镇：梁头镇、王口镇、独流镇、台头镇、良王庄乡，所以，现在大六分村及其周围的村落四周被各种树木环绕，大六分村村民积极植树造林，在他们看来，这是一件造福后代的事情。

当地村民因为村内缺水问题严重，已经不种小麦，大多种玉米，还在大棚中种一些瓜果梨桃等。村里建有大六分村中心小学，由政府扶持大六分村所建，村里的孩子们多在这所小学上学。村里现在有五家私营小食品企业，主要经营绿豆糕、锅巴、月饼、萨其玛和绿豆饼等。台头镇、独流镇等附近村镇还有许多私人企业，如电子元件厂、丝绸针织厂等，村民大多在这些工厂上班，收入相对较高并且稳定，妇女如果外出打工每个月能赚三千元，男的能赚四五千元。有的村民在静海县城打工，也是当天上下班。村里长期在外打工的人很少，90%的村民下班后仍然回到村子里。所以，大六分村没有出现"空巢"现象，老人、中年人和小孩子共同组成了村落的村民。在传统村落民间花会的文化保护过程中，人是传承的主体，所以，大六分村留住了村民，就是留住了民间花会传承的根本。村民没有大量地离开农村去城市工作，使得大六分村的登杆会始终没有后继无人的顾虑，村里的这一非物质文化遗产传承和发展较好，而且村民有自发和自觉的传承意识，爱会、护会，视整个杆会为村落的保护神，所以，登杆圣会才能历经风雨发展到今天，成为大六分村的一个传统。社会学家希尔斯认为传统"是世代相传的东西，即任何从过去延传至今或相传至今的东西"，"包括物质实体，包括人们对各种事物的信仰，关于人和事件的形象，也包括惯例和制度"[1]。登杆圣会世代相传，人们传承的既有物质实体——杆，也传承了对小白龙以及药王的崇拜，当然，也包括杆会的各种制度与惯例等，这些杆会传统对于杆会成员来说，"不仅联系着当下的现实，也联系着过去的信仰与观念，并且通过行动延续着传统的记忆"[2]。传统背后是大六分村村民和杆会会员的习惯维护，已经成为一个符号，上面烙满了风俗制度与心理情感、信仰观念的印记。

---

1. [美] E·希尔斯：《论传统》，傅铿、吕乐译，上海：上海人民出版社1991年版，第15-16页。
2. [美] E·希尔斯：《论传统》，傅铿、吕乐译，上海：上海人民出版社1991年版，第73页。

二、老会的起源、发展与变迁

1.爬竿/缘竿会

爬竿，是古代百戏杂技中的一种，又称拔高、缘竿、缘橦、上竿伎、竿木、戴竿、缘竿伎、缘竿戏等。爬竿起源很早，据考证起源于汉代，古称都卢寻橦。汉代张衡于《西京赋》中所言"乌获扛鼎，都卢寻橦"[1]，即爬竿，亦称缘竿。傅玄在《京都赋》中言"都卢捷足，缘修竿"[2]。《文献通考》卷147载："缘橦之技众矣。汉武帝时谓之都卢。都卢，国名，其人体轻而善缘也。"此书还载有数十种爬竿的花样，并说"虽各有异，要之同为缘橦之戏也，唐曰竿木，今日上竿，盖古今异名而同实也"[3]。寻和缘都是"沿着"之意，橦为"旗之竿也，则缘橦犹云缘杆……"[4]。

爬竿是以竿木为主要表演道具的运动，身体附着于长竿向上攀登，并在竿上表演各种动作，是古代百戏中的一种，表演时或者把竿立在地上，或者把竿立在身体的某个部分，如把竿立在头上等，另有几名少年在竿上表演各种动作，这被称为"戴竿"或顶竿；或者把竿立在竿座上，人在竿上做各种动作；或者只是耍弄空竿。明黄一正《事物绀珠》卷16释"都卢"作"缘高"；释"寻橦"作"又云木熙，今之缘竿"；释"额上橦"作"额上缘橦"；释"齿橦"作"以橦着齿上"；释"筋斗"作"缘竿倒立"。[5]爬竿的形式多种多样，不一而足。王赛时先生在《古代的缘竿——中国古代百戏史料汇考之一》一文中详细梳理了缘

1.萧统：《文选》，长沙：岳麓书社，2002年，第37页。
2.黄一正：《事物绀珠》。
3.《文献通考》卷147。
4.《汉书·马融传》。
5.王赛时：《古代的缘竿——中国古代百戏史料汇考之一》，《山东教育学报》，1986年第1期，第55页。

竿的发展历史，他考证"缘竿最早产生于古代卢国（今广东省雷州半岛），为南方身材较矮的民族所擅长，至晚到汉代已列为百戏的正式项目"。[1]汉代还出现了"车橦"，即把橦竿固定于马车中，马车四处奔走，伎儿于竿上表演，竿一般高达几米，马车四处奔走，更增加了竿的不稳定性，而伎儿仍能于竿上表演，可见技艺的高超。《江苏徐州汉画像石》图52中描绘了单橦式缘竿戏车图：三马驾车，竿上有横木，竿中置一圆鼓，竿身装饰流苏，伎儿于横木上倒立，竿下伎儿击鼓伴奏。可见，竿由竿身、横木所组成，竿中设鼓由伎儿演奏。大六分村登杆圣会中的杆信子，最早应为木头制成，之后才改为铁制，登杆人员在杆信子上表演动作。无论是两晋、南北朝时期还是隋代，缘竿都非常流行，尤其是在唐代，成为宫廷和民间都共同参与的活动，妇女都可以缘竿表演。宋代缘竿出现了"上竿抢金鸡"的体育活动，有很强的竞技性，这一缘竿形式至今在许多少数民族地区仍在传承，如苗族跳坡仪式中的爬竿，就是在竿上用红绸挂着一壶酒和一挂鞭炮，谁能先爬到竿顶，拿到酒和鞭炮，谁就为胜利者。明清时期，缘竿在民间广为流行，清代《钦定日下旧闻考》卷146记载了明代缘竿的情况：

> 京师宴中有爬竿戏，即古寻橦戏。其制用二橦，衣花裲裆、红裤褶，缘竿而上，颠倒翔舞，最奇者但以脐柱竿而张其手足若鹰翔然，或以手攕竿而离其踵趾，若猿跃然。[2]

此文中说，表演爬竿的人手足都可以离开竿就像鹰在翔翔一般，并且还能够用手撑竿，腿脚都能离开竿，就像猿猴跳跃一样。这些表演方式和技艺在大六分村的登杆会中都有所表现。

1.王赛时：《古代的缘竿——中国古代百戏史料汇考之一》，《山东教育学报》，1986年第1期，第55页。

2.王赛时：《古代的缘竿——中国古代百戏史料汇考之一》，《山东教育学报》，1986年第1期，第59页。

"先有天后宫，后有天津卫"，天津皇会在天津历史地域文化中起着至关重要的作用。皇会是为祭祀海神——天后娘娘诞辰而举行的大型庆典仪式活动，是天津最为隆重的民俗活动。伴随着天津社会经济文化的发展，逐渐演化成一种独特的将神祇崇拜、宗教信仰、问医求子、祈福还愿、赛会演剧、民众游观、会亲访友、社会交往、城乡商品交换等活动集于一体的庙会形式，具有天津当地传承下来的独具特色的遗规遗俗活动。天津皇会作为一种典型的庙会形式，作为一种大型文化空间的综合表现形式，它最大的亮点是迎神赛会的行会巡游多样性展演，参与天津皇会的花会曾多达千余道。《天津天后宫过会行会图》原藏于中国历史博物馆，现藏于国家博物馆。这套行会图形象展示了晚清天津皇会的出会场景，该长卷还包含有4万余字的文字题记，为天津皇会留下了宝贵的材料。《天津天后宫过会行会图》中，描绘的第13起的会为"猴扒竿会"，为扒竿会（爬竿会）留下了丰富的史料。该会会名为"胜议扒竿老会"，共20人，2人执会旗，会旗上写着会名，抬座抬夫4人，10个童子在竿上做种种表演。扒竿即为爬杆或缘竿，画上题字云：

（缺字）猴扒竿会非是深山狂野不见人的山岛的野猴子扒竿行为，俱是小婴孩等操练功夫扒竿。他每都大不过十四岁，十三岁的顶大。有十二岁的，多有十一岁的，多有十岁的，多有九岁的，还有八岁的，顶小。玩耍艺业，一个人玩耍，是一个的功夫，都有玩耍的名将。有玩"独钓寒江"的名将，有玩"顺风打旗"的名将，有玩"搬倒泰山"的名将，有玩"天官赐福"的名将，有玩"海底捞月"的名将，有玩"拔山举鼎"的名将，有玩"红孩养性"的名将，有玩"飞虎盘车"的名将，有玩"高跳龙门"的名将，有玩"顺水投井"的名

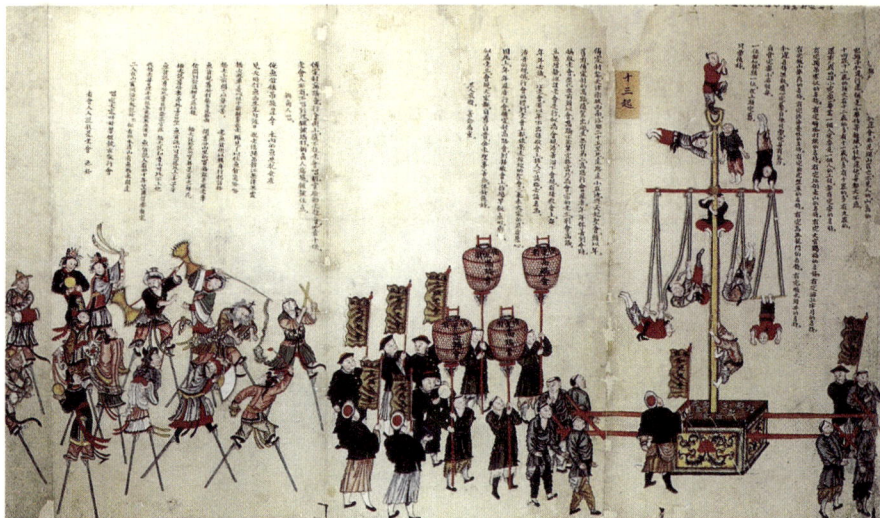

《天津天后宫过会行会图》中的胜议扒竿会

第十三圖（原第十三起）

畫面簡介

共四十四人。「猴扒竿會」共二十人，二人執會旗，旗上書「勝議扒竿老會」，十童子在竿上作種種表演。高曉會二十四人，四人擎長柄燈，遲上書「傅家村高曉會」，五人執會旗、旗上書「傅家村高曉老會」，一人擊馬鑼之類在前，十四人扮高曉戲曲人物。

題記校註

「某き」猴扒竿會」，非是深山曠野不見人的山島的野猴子扒竿行爲，俱是小嬰孩等操練功夫扒竿。他每都大不過十四歲，十三歲的頂大。有十二歲的，多有十一歲的，多有九歲的，還有八歲的，頂小。玩耍藝業，一個小玩耍，是「個的功夫，都有玩要的名將。有玩「獨釣寒江」的名將，一年出不出。曾殿上派人下詳帖去請，好善留下來。到老會上都去請。「某き」老會，若一年不出，曾殿上派人下詳帖去請，好善留下來的規矩行會的禮。到老會上都

「海底撈月」的名將，有玩「順風旗」的名將，有玩「拔山擧鼎」的名將，有玩「天官賜福」的名將，有玩「獨釣寒江」的名將，有玩「順水投井」的名將，扒竿名將無數。隨心玩藝自便，只要他每有氣力，自管玩要，小英雄每一位都比勝強。興天妃聖會頭一年，就有傅家村的高曉隨駕出巡，並無有第二高鄉二十五里地遠，路遠每一位直洁。歷代在前，頭一會請高曉並無爭競，不能拈鬮排檔子，乃爲會請。「某き」老會，若一年不出，曾殿上派人下詳帖去請，名局留下來請。因此上，年年進香行會的禮，大家都自尊自敬，賜光。截會必持謙恭，老會人稱讚，善念深重。傅家村高曉行會街上，雖不截老會唱詞賞臉，賜光。截會必持謙恭，老會人扮角人翻場，纙鼓住點。大家都自尊自敬，賜光。截會必持謙恭，老會人哪有不唱道理。「某き」老會唱詞賞臉。

纙鼓鼓打、扮角人翻場、纙鼓住點。大家都自尊自敬，賜光。截會必持謙恭，老會人哪有不唱道理。

見天時打漁爲生足夠漫，我老漢獨釣寒江無慮無籌。「槎夫我擔著一擔乾柴歇息息走，瞧見了一位漁翁笑哈哈。「尊公山裏的寶物故甚麼光花。」又問道：「小可馬散也上姜子牙？」漁翁說：「哪來的寶物，是草野鮮花。」「槎夫上前問了一聲辛苦，老慮把他一轉身把鮖搭。漁翁說：「尊公「尊公比買臣打柴高官做。」「槎小可比不上你。我槎夫每日半夜眠五更起，你看那水清山秀漁樵日。」漁翁說：「人有那十年旺運必要發家。」二人在山嶺河沿恭敬說好呵，你看那水清山秀漁樵來問答。唱完大家叫好，響鑼鼓，再見，行會。看完大家說我是老會，得好。

註：（一）拈鬮排檔：即用抓鬮的辦法確定行會的次序。

将。扒竿名将无数，随心玩艺自便，只要他每有气力，自管玩耍，小英雄每一位都是胜强一位。在上头玩艺只要得好。[1]

通过此图，可以看出，竿插在竿座的正中央，竿座为四方形，竿座的四个围子为黄色，两根红色木棍穿过竿座，两边各由4人抬座。此技艺来源于汉代的车橦，只不过把车改成了木制的由人抬的四方竿座。竿有竿圈和竿信子，竿信子为木质，红色，竿的左右两端都有竿信子，竿身为黄色，竿信子上挂着由绳子和竹棍组合而成的各种表演道具。10个童子身着露脚踝的干净利索的服装，在竿的各个部位以及表演道具上赤足表演，若猿跃然，表演者的年龄都不超过14岁，同时在进行集体表演动作，每一个动作的名称都十分文雅，这些动作在大六分村的登杆表演中都存在，虽然名称不同，但是动作的内容却一致，基本的表演器具也大体相同。最上面的小孩站在竿圈上表演的动作是"天官赐福"（大六分村登杆圣会称此动作为"童子拜佛"）；竿圈下面左边的小孩表演的动作是"顺风打旗"、右边的小孩表演的动作是"独钓寒江"（大六分村登杆圣会称此动作为"叼鱼"）；竿信子上从左至右的小孩表演的动作分别是"顺水投井"、"飞虎盘车"、"高跳龙门"、"拔山举鼎"、"海底捞月"（大六分村登杆圣会称此动作为"挂脚面"）；还有两个小孩正在爬竿。二三十岁以上的人负责抬竿座，抬竿座者所穿服装为普通的长袍大褂，执会旗者则穿着讲究，头戴凉帽，脚穿皂靴，器宇轩昂，一般是会中会头。

目前，已有600多年历史的河北省文安县左各庄镇崇新村杆会在2008年被评为国家级非物质文化遗产项目，现有演员40多人，年龄最小的6岁，最大的75岁。其杆高8米，直径0.2米，刻有"明永乐十三年"

1.中国历史博物馆编：《天后圣母事迹图志·天后宫行会图合辑》，香港和平图书有限公司，1992年，第13图。

字样，由竹子制成，其杆墩为木制、方形，有杆信子和杆圈，撑杆的方式、表演动作、武场的鼓钹齐奏等与大六分村的杆会都极为相似，只是有的动作名称相同，大部分动作名称则不同。如左各庄杆会的动作名称有：手摆旗、脚摆旗、驴打滚、金鸡独立、双打挺叨打挺、旱鸭浮水、蹬楼子、滚楼子、仨卧鱼、打挺（单双）、串子、单臂折鱼、抓三叨两、仰丫转、圈上睡觉、挂脚面（单双）、倒脚面、挂脚后跟（单双）、粘糖人、耍流星等。

河北省霸州市信安镇也有杆会，分别是东云锦和西云锦。这两个杆会与左各庄杆会以及大六分村杆会略有不同，他们以昆曲为戏剧曲牌，以笛子为主要乐器，而杆的形制以及爬杆动作等则大体相同。东云锦会俗称"东杆会"，发起于清顺治九年（1653年），相传是由天津市静海县城关人张勇立所传授。

东杆会起初只是在农闲时人们自发地组织在一起，为了强身健体用几根木棍搭个杠子，每逢农闲，庙会就组织起来给人们表演。有一年春节闹元宵，小伙子们正表演的上劲时，从人群中走出一个小伙子，他玩了几手惊人的玩艺儿，人们当场鼓掌叫绝。这一下把当地的几个小伙子惊呆了，事后小伙子们秉拳握手称他为师傅。此人原是静海县城关人，他是来信安串亲的，名叫张勇立。他老家有道杆会，就是竖起一棵二丈多高的杆子，杆子顶上有个铁圈，铁圈下半米处有个踩盘，再往下半米有个铁棍，棍长四尺插在杆子上，为了防滑棍上缠了些布条，人们爬上杆子在上面玩。张的老师姓赵，人称赵二爷，是当地老财赵顺堂的二小子，由于家庭富足，从小游手好闲，爱好杂技武术，他请了一位南方姓焦的杂技老师，整天在家里教他杂技武术，此人功夫过人，拳脚精湛，样样精通，村里的年轻小伙都买二爷的面子拜焦某为师。后来焦师傅身染重病，告老还乡了，从此赵二爷就成为此地的教师爷了。赵二爷出钱又办起了二道民会，杆会和武术，传授至今。小伙子们听得目瞪口呆。信心倍增，大家商定拜张勇立为师，也办一道杆会，于是凑了些钱买了些会具，杆会办起来了。后来一位道士指点说："你们的会玩得很好，就是缺文场和器乐，白天爬杆，晚上可以吹奏乐曲停街坐棚。"人们一听恍然大悟，在人们将要回家时老道叫会里去两三个聪明小伙到老爷庙学曲牌，从此杆会就有了文场。[1]

天津市静海县和河北省霸州市紧邻，所以，霸州市信安镇的杆会由静海县的人所传授，这一点或许有一定的信服力，只是信安镇的东杆会在发展的过程中加入了吹奏乐曲这些文场，或许可以说明静海县的杆会至迟在清乾隆年间就已经存在。

2. 大六分村登杆圣会

天津市静海县大六分村登杆圣会是一个古老的传统圣会，清朝乾隆年间，缘竿这一民间百戏之一传到了静海县，成为盛极一时的群众性体育杂技活动，至今已有近300年的历史，几乎全村的男人都会表演，代代相传，成为大六分村的一个民间传统和标志性文化，大六分村的登杆会是众多爬杆形式中的一种，即将竹杆立于地上，人们爬杆而上附着于杆表演各种动作。

大六分村登杆圣会大约成立于1743年左右，据村民口耳相传，当年天气大旱，当地百姓吃水成问题，于是小白龙为民上天求雨，死后其骨节变成了会里的杆，人们根据小白龙上天求雨的动作发明了杆会的动作，自此，有了登杆圣会。这是关于登杆圣会起源的神话传说；杆会的另一种起源传说是杆会的杆从子牙河顺水漂来，被大六分村的村民偶然捡到，逐渐发展为之后的杆会。水在中国人的意识中具有神圣性和原始

1.http://tieba.baidu.com/p/1048177169

性，从遥远而陌生的地方漂来的往往都是圣物，而且体现了一种命运的必然性与偶然性的有机结合。当笔者问起他们更愿意相信哪一种起源传说，他们说更相信后一种说法，觉得后一种传说更具有真实性。但是，对外宣传时，他们更愿意说小白龙求雨的传说。

神杆无论是小白龙的化身还是从子牙河里漂流而至，都是民间传说，现在无法考证，但是另一方面表征了传统思维和当地人的自然观以及世界观。人们需要通过杆会的神话式的起源传说来确立杆会的神圣性。杆会的神圣起源传说、杆会的表演以及出会仪式与大六分村的药王信仰空间（包括建筑、神灵、信众、神媒和香火等）和日常生活空间共同形成了一整套叙事结构。这个叙事结构的内核是信仰空间，外部是行为空间和仪式空间，构成一个叙事整体。

杆会出会都有固定的出会时间，一般都是以出庙会为主，很少为个人的缘由出会，但也有例外。民国初期，曹锟在小站养病，杆会曾去给他演出过。

"文化大革命"以前，杆会出会的会员还算工分，不过杆会出会的范围和传统相比已经很小，但是并未中断，十里八乡的邻村仍会在年节时相邀出会。但随着"文革"的到来，杆会很快被认为是"四旧"而被解散，中止了出会，会中供奉的全神图也被抄走。杆会在"文革"期间中断了十几年，会里的杆被用来做了牲口棚上的房檩子，会员每每提及，都认为这是对神杆的一种亵渎，会所在"文革"期间成为村里的供销社，会员笃信，成为房檩子的神杆仍然有灵性。

1981年，在全国民间花会复兴的大潮中，杆会开始在政府的倡导下重新恢复表演，会员把神杆从牲口棚取下，重新请回老会所，但是当时老会所是土坯房，年久失修，到处漏雨，破败不堪。于是，大六分村村民开始自发集资在原址筹建新的会所，一直到今天。

1980年秋天，县文化馆的丁馆长来到村里主张恢复登杆圣会，恢复工作的展开非常不容易，老一辈的登杆会员已经年龄太大上不了杆，爬不上杆有些动作和姿势就无法往下传，所以村民们就用滑轮搭梯子抬着这些老人上杆，在杆上做各种动作和姿势，传给在杆下面学的小孩。当时恢复杆会的主要领导者是于保发、吴振德，他们既是会头又是教练，解放前就开始练爬杆，刚恢复时，一方面是教小孩儿练，还有一些人已经二三十岁，但是没有童子功，就不如小的时候好学，这些人白天去干活，晚上去会里练，起早练，后晌练。

神杆之所以历经300多年的风雨而依然屹立，会员们认为是经常使用的缘故，会员们在爬杆的时候为了好爬杆，要经常往手上吐唾沫，唾沫里有盐分，一方面可以杀毒消菌，使杆不容易长蛀虫；另一方面，人们的手上有油，爬杆的过程中就可以使杆润滑，这样杆就不容易开裂。但是因为杆长时间地立在地上，底部有点朽烂，所以就被裁掉了一截，从原来的8米变为6.8米，一直到现在。曾有北京来的商人

杆会1996年参加上海举办的全国农民运动会时被赠予的锦旗

去上海参加农民运动会出会的会员每人一枚金色奖章

出价80万买杆会的杆，村民没卖。大家觉得老祖宗留下来的东西，不能卖，卖了会遭到村里人的唾骂，杆没了，这个会就没了。杆既是杆会的灵魂，同时又是杆会的表演器具和信仰之物，人们出会都要爬这个杆，认为爬这个杆最安全，不会有任何危险。

该会20世纪80年代恢复以后，既传承了传统的出会时间和出会地点，同时也受政府邀请参加了各种表演。1986年在天津市举行的"津沽花会大奖赛"中，该会获表演二等奖；1987年参加了"全国少数民族文化节"开幕式；1988年在天津古文化街民间花会大赛中获一等奖；1988年在杨柳青参加了天津市农民运动会开幕式表演；1990年参加了天津市全民健身运动会开幕式；1992年参加天津市闹元宵开幕式；1993年参加了天津市和平区元宵节踩街表演；1996年在文化部举办的"全国民间优秀花会大奖赛"中获一等奖；1996年秋天代表天津市参加了在上海举办的全国第三届"农民运动会"获表演一等奖，并受到市领导嘉奖；2003年在蓟县参加天

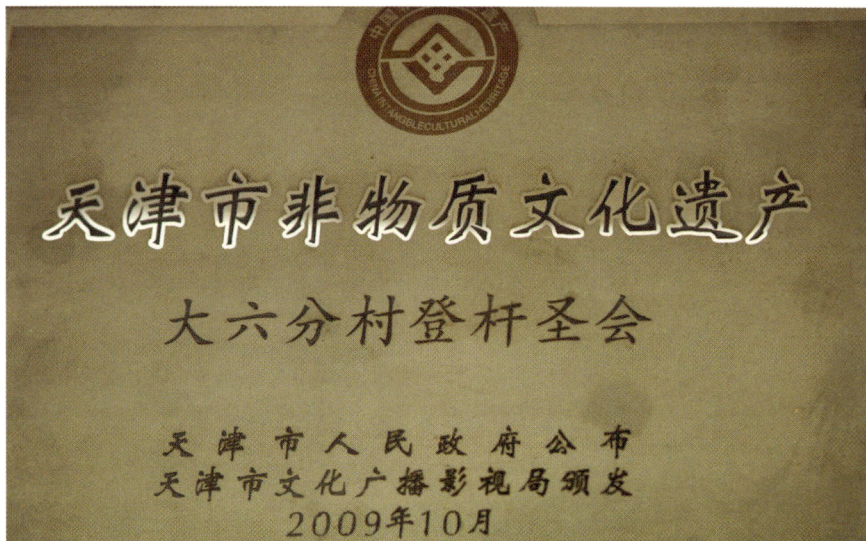

2009年大六分村登杆圣会申报为市级非物质文化遗产

津市农民运动会开幕式；2004年在天津银河广场参加"雪花杯"大赛开幕式；2010年和2011年，参加了天津市天后宫妈祖诞辰祭典的庆典仪式和出巡散福活动。

2009年，大六分村登杆圣会被列入天津市市级非物质文化遗产名录，项目为：传统体育、游艺与杂技，现在正在申请列入国家级非物质文化遗产名录。非物质文化遗产指各民族人民世代相承的、与群众生活密切相关的各种传统文化表现形式（如民俗活动、表演艺术、传统知识和技能以及与之相关的器具、实物、手工制品等）和文化空间。2009年静海县人民政府批准的第一批县级非物质文化遗产名录共17项，其中属于花会的分别是：台头镇大六分村登杆圣会、唐官屯镇三街八大帅民间花会、唐官屯镇节节高民间花会、中旺镇姚庄子落子会、中旺镇张高庄龙灯会、良王庄乡于家堡霸王鞭、静海镇太祖门独流通背拳、静海镇独流苗刀、王口镇合一通背拳、静海镇冬网号子。

大六分村登杆圣会，当地村民称为杆会，会员的服装右上方写着"大六分村杆会"。但是关于会名，官方和民间也发生了一系列的错位。该会的传统会名（民间会名）为"蹬竿胜会"，无论是会房的牌匾上、门旗上还是以前的老会章上写的都是"蹬竿胜会"，但是在申报市级非物质文化遗产的时候，会名写成了"登杆圣会"，专家认为应该是圣会而非胜会，因为"圣"有神圣之意，杆会是为了纪念小白龙而出的一道会，而且，同样的表演方式在很多地方如左各庄的杆会都称为"杆会"，所以，用"杆"也是为了会种名称的统一。但是笔者以为，杆应该为"竿"，因为此会的"杆"乃为竹竿而做，而非由木头制作，只有杆墩部分是整块木头制作。所以，出现了该会的民间会名和官方命名不一样的情况，而《静海县志》和《台头镇志》以及报纸对"蹬竿"（登杆）圣会的描述中，都存在着写法不统一的情况。杆会会员自己在写的时候也会出现各种混淆的情况，如会帖上写的是"大六分登杆胜会全拜"，这也使他们在申报国家级非物质文化遗产的时候遇到了问题，会名不统一成为一个亟待解决的重点和难点问题。

在笔者问及他们更愿意用哪个会名时，他们认为还是应该与官方的命名即"登杆圣会"统一，所以，在笔者的编写过程中，将其统一为"登杆圣会"，但是在具体描述牌匾以及门旗的时候，仍然会保留其真实性，如实描述门旗及牌匾上所书写的会名"蹬竿胜会"，因为老百姓文化程度不高，所以无论是会头还是会员对于会名的解释都更倾向于顺从权威人士或者是官方的解释。

会是地缘共同体的重要组织形式，麻国庆在《"会"与中国传统社会》一文中认为，传统村落的会分为政治型的会、经济型的会和祭祀型的会，这些会是凝聚村落的重要力量。[1]登杆圣会作为一个半祭祀型的会，也是凝聚村落的重要力量，并且已经延续到人们的日常交往中。"中国传统农业社会中的两类集体仪式活动：庙会与祭祖，是研究中国基层社会特别是村落社会建构与民众伦理行为规范的重要观察对象。"[2]通过对杆会及其药王信仰的调查，可以了解到大六分村这一传统的社会建构与民众的伦理行为规范。

登杆圣会与药王坛是大六分村这一传统村落的标志性文化，刘铁梁在《"标志性文化统领式"民俗志的理论与世界》一文中提出标志性文化，他认为"所谓标志性文化应具有：一、能反映这一地方的特殊历史进程和贡献；二、体现地方民众的集体性格和气质，具有薪尽火传的生命力；三、深刻地联系着地方民众的生活方式和诸多文化现象等三个主要特征。这种民俗志书写也将促进民俗文化调查的深入和研究范式

1.麻国庆：《"会"与中国传统社会》，《民俗研究》，1998年第2期，第8—10页。
2.刘铁梁：《作为公共生活的乡村庙会》，《民间文化》，2001年第1期，第48页。

的创新，间接对地方社会协调发展和增强社会自我调节能力具有参考价值"。[1]登杆圣会不仅是村落的景观和神圣场所，同时也是村民日常生活的一部分；不仅是非常时间和空间中的狂欢，更是一种日常生活的延伸与补充。杆会和大六分村的历史紧密相关，并且集中体现了村民团结互助的性格与气质，对药王等神灵有着坚定的信仰，而且与民众的日常生活紧密相关。

1. 刘铁梁：《"标志性文化统领式"民俗志的理论与世界》，《北京师范大学学报》，2005年第6期，第50页。

三、神圣的信仰空间

1. 大六分村的药王坛

大六分村最主要的信仰神像是药王，供奉的药王以孙思邈为主，相传孙思邈从南方来到北方台头镇后，曾在此驻留几天看病，人们为了纪念他，给他修建了一座庙和坛，其中大六分村供奉药王的地方被称为"坛"。坛里起初不设塑像，只是供一张全神图，一共有15个神像，是四层神像图，供奉的神像最上面是佛爷，佛爷坐在莲花座上，左手持太极球，右手持拂尘，下面有供桌，供桌上有亭有印，亭内有碑，写着"当今万岁万万岁"；佛爷两边是两个侍应，佛爷和侍应后面的背景是一个庙堂建筑的下半部分；佛爷神像下面的神像从左至右依次是黑蟒爷、刘守真、药王孙思邈、白蟒爷；再下面的神像从左至右依次是六祖、四祖、达摩祖、三祖、五祖；再下面的神像从左至右依次是十祖、八祖、二祖、七祖和九祖。可见，此神像图以佛教神像为主，兼以道教神像，但在现实中，村民们更信奉的是全神图中的药王孙思邈以及黑蟒爷和白蟒爷，他们认为白蟒爷就是小白龙的化身，保佑着村民的平安。此

会所，也称会房

图在"文革"期间被抄走，后来，杆会恢复之后又重新将此全神图复制，由台头镇懂这几位神仙神座的人手绘在布上，并且还安置在复建的原址中。全神图两边的对联为"金炉不断千年火，玉盏长明万年灯"，横批为"药王大帝"。民间信仰比较倾向于泛神论，佛教与道教融为一体，神话传说的口头流传与历史记载相结合，形成这张神像的主旨。

登杆圣会的会所和坛就在一起，会所有两间房，外面的一间房较大，用来盛放杆和其他表演器具以及桌椅等；里面的房间较小，专门用来供奉药王全神图，有供桌、蒲团以及香烛、黄纸钱等。神杆是登杆

会所的牌匾"蹬竿胜会"

会所内时刻备着黄香，以供初一、十五来此祭拜的人用

1987年复建会所时捐款人名单牌匾就挂在会房内

会所和药王坛在一起，药王坛供奉的主要是药王神像

圣会宝物，又是表演时的道具，平时不演练时要用黄绸布包裹严实，和
药王祭坛的房间紧紧相挨。至于杆会什么时候以及为什么要和药王祭坛
存放在一处，会员们也并不十分清楚，会员们只说从他们的上一辈就是
这样，代代相传至今。民间口耳相传的传说中又有说神杆的出现是因药
王而起，所以把杆和药王神像放在一起，但具体是怎样的一个传说，当
地村民又无法详细说出。其中可以推断的一点是，药王信仰在当地较为
虔诚和繁盛，而杆会出会时较为危险，所以自然而然地杆会就和药王坛
放在一起，一是为了保平安，二者无论是杆会还是药王都具有神圣的法
力，可以保佑大六分村村民的平安。

杆会出会前会员一定要祭拜药王，挨个磕头，给药王报到，以此来保
佑村民和练功之人的安全，村民们相信至今也没有人因为表演而摔坏，一

切都是因为有神灵保佑。药王和小白龙的共处，代表了一种世界观和时间观，体现了一种混杂的神灵信仰，神圣空间和世俗空间相互交织。杆会是一个神圣空间，一进入这个空间就有了有别于日常生活中的身份的另外的一个身份，因为有了这个信仰空间和祭拜仪式，使社区中的生命个体凝聚成为一个集体，同时大家也实现了身份认同，更加团结。

药王信仰在台头镇形成了一个信仰圈和祭祀圈，大六分村村民及邻近村村民都十分信奉药王。每逢初一和十五是开庙门的日子，附近离着三里地、五里地、八里地、十里地的村民，甚至是天津市西青区和北辰区的人都会来大六分村的药王坛（也是杆会会所）祭拜，都是为了祈求保佑一年的平安。信众上香叩首祷告后留下香资，这些香资是登杆圣会出会的主要资金来源。不是烧香的日子如果想烧香，就可以找拿会所钥匙的人开门，没钱也能烧香，会所常年备香。

大六分村不论是村干部还是普通村民都强调，因为信奉药王，村里这些年来从没有打架斗殴、为非作歹的现象发生，药王信仰使这个村与别的村不同，村民不仅有凝聚力，而且特别强调正气和耿直。村书记强兆庆说：

> 村里百分之八九十以上村民都信药王，邪事、凶杀案这些事在大六分村都没出过，老百姓安居乐业，一年过得顺当，跟信仰药王有一定关系。[1]

大年三十晚上，会所必须有人看守，因为许多信众来此烧香祭拜，会头李跃全要在此呆一宿，其他管事的老会员则轮流值班，晚上的香火不能中断，供品主要是新鲜的水果以及点心等。大年三十在会所守夜，反映出村民对除夕之夜全神下界这一传说的信仰。个人家庭中的除夕夜可以不守岁，但是必须来会所守岁。

1.2013年5月13日在大六分村对村书记强兆庆的采访。

当地建房时习惯在房梁上贴阴阳鱼

大六分村盖房子的时候，都会在房梁上贴手绘的阴阳鱼，这是为了保佑建造房子的时候诸事顺利，至今，会所的房梁上还贴有黑白颜色的阴阳鱼。这是因为在他们的信仰世界中，普遍相信鬼神，相信天地，相信神灵保佑的灵验性。

2.鄚里村的药王庙

建于明朝的王口镇曾是义和团的总坛口，有义和团首领张德成殉难处遗址。静海县王口镇最靠西的村落是鄚里村，虽然仅有几十户人家，但村里的药王庙闻名冀中。相传该庙建于唐代，古庙已废。庙内的药王殿内"药王"孙思邈端坐正中，两侧分别塑有扁鹊、华佗、张仲景、张子和、刘河间（即刘守真）等十大名医人物像。殿内有一副对联："中华宝典，仰赖古圣昭世界；传统医学，叨承先贤彰人寰。"

根据药王庙现存相关石碑和资料记载：神医孙思邈曾在鄚里村居住，他去世后唐皇在鄚里村为其修建一座庙，以示纪念。宋朝时，金兀术占领河间府，看中河间太守刘守真的医术，要他留在河间继续做太守。性格刚烈的刘守真不愿为金兀术效力，连夜出逃至鄚里。由于战争不断，当地百姓疾病缠身，刘守真亲自为百姓采集草药治病，救了不少乡亲的生命。到了清朝嘉庆年间，为纪念唐代名医孙思邈和宋代名医刘守真，当地百姓将药王庙改建称为鄚里村药王庙。1950年，药王庙受到

鄭里村药王庙供奉的是孙思邈和刘守真

鄭里村药王庙信众颇多

严重破坏，仅剩下一座较完整的药王殿地基和结构。1994年，鄮里村及其周边的河北省青县、霸县、大城县和文安县的村民捐款重新修建了鄮里村药王庙。

鄮里村药王庙的庙会时间为农历四月初一至十五，其中四月初一至初五最为热闹，有百余道民间花会在此期间表演，是清代、民国期间冀中地区最大的庙会之一。庙会期间，彩棚从东岳庄扎起，向西穿过王口镇的五里长街，直至鄮里药王庙，全长12华里。每年庙会，这里都云集冀中地区的100多道民间花会，每天来庙里祭拜的信众多达5万余人。药王庙会是一个集祭祀、娱乐、贸易于一体的庙会活动，期间，附近村镇的村民都会到药王殿神像前上几炷香，祈求太平和身体健康。从20世纪90年代恢复后，药王庙香火再度隆盛，庙会期仍然是从四月初一至十五，四月初四、初五两天是庙会的高潮，其他花会多是四月初四来表演，而大六分村的登杆圣会则是四月初五来此表演。

鄮里村药王庙中有一口水井，据说是旧药王庙时就已存在的，用井水熬药能够治病祛邪。在盖药王庙的时候，大六分村还曾集资捐款1万多元，参与盖房的人有一部分是大六分村的人，因为大六分村村民信奉药王，认为这是一件善事，并且每年四月初五不用对方邀请都主动来药王庙出会。因此，众多花会中只有登杆圣会能够走南门，即正门，并在庙内大殿前的广场上进行表演。参加鄮里村药王庙会的信众主要是台头镇一带的村民，极少数是从河北或者天津市来祭拜的人。

此外，登杆圣会还曾去郑州的庙宇出会，过去有"天下大庙属郑州"之说；还曾去天津市西青区大寺镇的药王庙出会。大寺镇药王庙供奉的是药王的全身像，因为会头李跃全是建筑工人，他曾参与修建大寺镇的药王庙，所以，在药王庙刚落成的时候，该会曾去这里出会，因为他们信奉药王。

鄯里村药王庙

药王庙里的水井

鄚里村药王庙中的算命先生
鄚里村药王庙中的民间集市

四、大六分村的民间传说

1. 小白龙求雨传说

大六分村登杆圣会的起源充满了神话色彩，民间口口相传，这是一个小白龙为民求雨的神话传说。相传在1743年左右，天气大旱，静海一位姓李的老奶奶去子牙河洗衣服，河里没有水，于是就自言自语道："老天爷啊，你再不下雨，这一带的人就活不下去了。"这话被东海龙王的儿子小白龙听到了，就去求龙王，老龙王说："天庭有个司雨官，他那儿有个宝瓶，只有把这个瓶子搬倒，天下才会有雨水，但是，你的法力不够，所以搬不倒瓶子的。"小白龙听了，就暗下决心，一定要解救受难的百姓，于是就上了天，找到了宝瓶，他费尽了九牛二虎之力，还是搬不倒宝瓶。此时，小白龙想到了地上的百姓，于是他来到人间，对人们说："我展开身躯，直奔天庭，你们顺着我的身子往上爬，人多力量大，咱们一定可以把瓶子掀翻。"人们就按照小白龙说的去做，一个个朝天上爬去，每爬上一个人，小白龙就要将自己的身躯向上拔出一节，已经爬上107人，小白龙的骨骼也拔出了107节，小白龙残忍地伤害着自己的身体，还要托着107个人，累得他呼呼直喘粗气，此时，离水瓶还有一两个人的距离，他大声地对地面上的人喊道："再上来一个人，用流星锤把水瓶击破就行了。"于是，第108个人爬上天庭，用流星锤狠狠砸向宝瓶，水瓶被击破了，大雨洒向人间，受难的百姓得救了，可是小白龙却因为耗尽元气，浑身瘫软，他那拔长了的龙骨一节节从天上掉下来，为了解救人民，小白龙献出了宝贵的生命。

小白龙一节节脱落的龙骨就是杆会中杆的来源，而人们沿着小白龙延长的骨节上天求雨的动作就演变成为爬杆的各种动作。小白龙不是独自求雨，而是在与人们的合力下才打翻宝瓶，最后求雨成功，这是神与人的一种合力，单独靠小白龙无法求雨，单独靠人类也无法求雨，象征了求雨这种仪式人们需要参与其中才能够最终完成。所以，为了纪念小白龙，每到农历四月初五小白龙带人们求雨的日子，人们就会烧香祭拜，并且还要举行爬杆仪式，这种祭拜仪式和表演仪式传承至今。这项活动还有一个不成文的规定，就是不许女性练习或接触表演用的杆，这是对登杆圣会原生态的神话解释传说。村民们所表述的是祖辈口耳相传的传说，并没有形成文字，所以具有地方化、神话化、模糊化和无限神圣化的特点。

2. 药王孙思邈治病的传说

药王孙思邈是南方人，来到北方给人治病，到了天津静海县鄤里村，见有人抬着棺材去埋，药王就拦住不让他们走，说棺材里的女人还没死，众人把棺材盖打开后，孙思邈就把女人救活了，一时被传为神医。孙思邈在这里救了好多老百姓，百姓拥护他，为了纪念他而盖的庙和坛，就是鄤里村药王庙。孙思邈也在大六分村给人看病，于是村民又给他设立了一个坛，坛里供奉的是以药王为主的全神图，没有塑像。

五、杆会的起源传说与祈雨习俗

大六分村登杆圣会的神话起源是小白龙为民求雨的传说，被世代口口相传至今，说明该会和求雨习俗紧密相关。无独有偶，被评为国家级非物质文化遗产项目的左各庄杆会的起源传说与小青龙为民求雨有关。

关于杆会起源，有一个传说。左各庄水陆交通便利，土地肥沃，人们过着丰衣足食的生活。明永乐年间，大旱三年，禾苗枯死，河道干涸，人们挣扎在死亡的边缘。一天，村里来了一位老者，他和大伙说："我有办法让老天下雨，但村里要出18个少年，跟我到西北山上求雨。"于是村里选出18名少年跟随老者去求雨。他们走了三天三夜，来到西北山的悬崖峭壁，却找不到上山的路。老者和少年们说，眼前的山上有个观音洞，洞里放着观音菩萨的玉净瓶，只要把瓶扳倒，天就会下雨，乡亲就都能得救。老者说完变成一条青龙，龙头搭在山顶，龙尾就在少年们眼前。18名少年勇敢地攀上龙背，爬到半山腰时，天气骤变，狂风吹得他们几次都要摔下龙背，少年们使出浑身解数，利用脖子、手臂、脚掌等部位，或勾或缠龙的身体，或抓住龙爪不放，历尽艰险，终于到达山顶，扳倒了水瓶，天空顿时下起了倾盆大雨，拯救了一方的父老乡亲。那老者却不见了，在18个少年面前出现了一棵青竹大杆。有人说老者是青龙化身，有人说是观世音菩萨示现。[1]

左各庄的小青龙求雨传说在故事梗概上和大六分村登杆圣会的小白龙求雨传说相似，都是人们通过爬在龙的身体上登高而求雨，最终扳倒了玉净瓶，最后求雨成功，都经历了一个久旱——小白龙（青龙）出现——人们爬上龙的身体登高求雨——打翻玉净瓶——求雨成功——

1.http://www.people.com.cn/h/2012/0313/c25408-1-3297529823.html。

小白龙死去（老者消失）这样一个神话传说模式，只是在细节上有所不同，具体内容见下表：

会名	求雨人数	求雨者	求雨结果	动作
左各庄杆会	18人	一位老者（青龙的化身）和村民	求雨成功，老者消失	杆会动作根据求雨而来
大六分村杆会	108人	小白龙和村民	求雨成功，小白龙的身体骨节成为会中的杆	杆会动作根据求雨而来

还有舞龙舞也来源于"舞龙求雨"的神话传说和宗教活动：

在很久以前，遇上了大旱，东海的一条水龙不顾一切跃出水面，下了一场大雨，但水龙由于违反了天条，被剁成一段一段，撒向人间。人们把龙体放在板凳上，并把它连接起来（人们称之为"板凳龙"），人们不分昼夜地奔走相告，希望它能活下来，舞"板凳龙"的习俗也由此产生。[1]

虽然，这一舞龙求雨的传说和杆会的小白龙求雨传说有很大差异，但讲述的都是龙为民求雨而牺牲的故事，人们为了纪念他，才开始出现的各种民间表演活动，人们在各种关于会的起源描述中，更喜欢具有神话色彩的传说，因为这种传说具有一种超时间性，将会的起源追溯到一个遥远的时代中。此外，神话传说具有一种神圣性和宗教仪式感，加强了人们对会的认同感。

考察中国的祈雨习俗以及大六分村祈雨习俗的地方性知识是十分必要的，祈雨习俗这一神话传说无疑成为杆会起源的原生态传说。神话传说是一种民间叙事，人们的认同感和神圣感通过神话传说而获得。神话

1.《板凳龙——舞龙求雨》,《中华民居》，2012年第1期，第107页。

传说中无疑包含着一种求雨仪式，仪式是一种"无声的语言"，用行动来表达信仰。范内普（Genep）提出的强化礼仪，指的是群体性（而非个人性）生活危机时期举办的仪式，群体性的生活危机包括严重缺雨对庄稼的威胁或者敌人的队伍的突然出现。登杆圣会就是这样一种群体性面对生活危机时而出现的仪式，具有过渡性和强化性，从危机过渡到危机的解决，集体度过难关。杆会会员对于小白龙求雨的传说，代代相传，通过不断的累积记忆更加强化了杆会的神圣性，有着民间自身"文化的逻辑"，尤其是在现代化和城镇化进程中，保留了农耕文明的记忆。

中国自古以来就有以龙求雨的习俗，相传神农时便有以龙求雨的做法。《神农求雨书》曰："春夏雨日而不雨，甲乙命为青龙，又为火龙东方；丙丁不雨，命为赤龙南方；戊己不雨，命为黄龙；庚辛不雨，命为白龙，又为火龙西方；壬癸不雨，命为黑龙北方。"[1]龙和祈雨职能反映了先民的宇宙观、自然观。龙自汉代以后成为求雨习俗中的主角，"佛教传入后，所崇拜的龙始称龙王，是专司兴云布雨的神祇，并有八大龙王、十大龙王之说。道教兴起以后，道经中也载有四海龙王及下属一百八十五位小龙王之说。因佛道两教有关龙王崇拜的传布，使民间信仰中的龙王习俗进一步扩大了影响，成为与全民农耕生产和日常生活相关的俗信。自唐宋以来，历代帝王封龙王以王爵，下诏规定建祠设坛祭祀的诸多典制。官方的倡导与民间信仰结合，使得对幻想神龙王的崇拜成为中国民间最为普及的信仰传统之一"[2]。祭祀龙王以求雨的方式大体有五种：祈祷、巡游、取水、暴晒、谢神。[3]大六分村杆会的表演起初以"祈神求雨"为目的，其求雨方式为祈祷和表演，具有龙图腾崇拜的宗

1.[唐]欧阳询：《艺文类聚》卷100《灾异部·旱》引《神农求雨书》，第1723页。

2.参见乌丙安：《中国民间信仰》，上海人民出版社1995年版，第164—165页。

3.张强：《论中国以龙求雨习俗中"龙"由兽向人的转变》，《华北水利水电学院学报》，2012年第6期，第26—27页。

教意识。这也表明，一方面，官方对龙崇拜的标准化和普适化渗透到各个地方；另一方面，这种标准化和当地的地方性知识相结合，形成了多种多样与龙相关的祈雨习俗。

大六分村登杆圣会中的神杆，既是祭祀器具和该会的图腾，同时也是表演器具，神杆既是小白龙身体骨节的化身，具有人格化，同时小白龙为人民祈雨甘愿牺牲自己，又将小白龙神格化。龙是一种原型，体现的是一种思维范式，祈雨是农耕文明典型的仪式实践，"信仰以及仪式提供了一种有秩序的宇宙模式，它能通过解释未知事物和不可质疑的信任，减少个人的恐惧与忧虑，从而，祈雨就不单是个人行为，而成为一种集体性的对付危机的行动。信仰的基本一致以及共同参加的仪式，有助于把人们团结在一起，增强他们与所处群体的一致性"[1]。祈雨习俗具有在地化特征，杆会通过仪式展演，就通过了集体性的对付危机的过渡仪式，是审视其精神世界和信仰世界的一个视角。同时，登杆求雨也是登高求雨，人们通过登高更接近天，这也是古人认识自然的一种方式。

登杆圣会的整个表演是一套神圣的沟通体系，沟通了天和地、阴和阳、人与自然之间的关系，"任何仪式都是一个或多个过程的整合。仪式过程的意义并不在其过程本身，而在通过仪式过程所达到的禳灾效果以及仪式过程中的'度过'含义。祈雨仪式过程亦在此列。无论旱涝灾害的大小，都会或多或少地造成人们财产的损失和心理的恐慌。基于民众的信仰，他们相信通过举行各种有效的祈雨仪式，能缓解甚至化解灾害，而且仪式过程的进行也在民众心理上造成一种'危机度过'的意识，在一定程度上缓和了由危机带来的恐慌"[2]。

1.沈洁：《反迷信与社区信仰空间的现代历程——以1934年苏州的求雨仪式为例》，2007年第2期，第48-49页。

2.康丽：《祈雨仪式的象征性分析——祈雨习俗中的龙》，《祭礼·傩俗与民间戏剧——'98亚洲民间戏剧民俗艺术观摩与学术研讨会论文集》，1998年，第80页。

　　大六分村现在仍然传袭着干旱季节请杆求雨的习俗。每年四月份的时候，如果天气连续干旱，再不下雨庄稼就无法播种，他们就会举行祈雨仪式：首先要燎杆（燎杆仪式后文会详述），然后是向药王全神图祭拜祷告，主要向全神图中的黑蟒爷、白蟒爷祷告，向他们祈求下雨，村民认为黑蟒爷、白蟒爷是保护药王的，白蟒爷就是小白龙的化身。之后便请杆，把杆请到会房外面的广场上，把杆立起来，绕杆一圈燃放鞭炮驱邪，会员齐奏鼓、钹用来求雨。据村民们说，祈雨仪式后，多少总会下点雨。附近的村民都知道大六分村的杆是小白龙的化身，相信其神圣性和灵验性，十里八乡的人因受干旱之苦，也来杆会会所求雨，先向药王全神图中的黑蟒爷、白蟒爷磕头祷告，然后再让杆会的人把杆请到会房外求雨。登杆圣会对小白龙求雨的传说口头传承至今，表现了一种精神民俗。

第二章

会规与会况

一、入会

1.会员组成

　　大六分村登杆圣会并没有固定的表演会员，登杆的基本动作村里的男性大多数都会，他们幼时或多或少都在会所练过，留住了身体性的记忆和技艺，这被他们称为"童子功"，一旦习得，便终身受用，即便平日不练习，只要出会仍然可以熟练表演各种登杆动作。会员们相信获得

会头与小会员的合影

了爬杆技艺，还能保佑他们在日常生活中平安顺遂。会员们给笔者讲，村里的一个村民在外面盖房，从三层楼高的架子上摔下来，因为他会爬杆，所以很老练地挂在了架子上，没摔下来，幸免于难，这样的例子并不鲜见。除了女性不能入会甚至不能摸杆之外，入会并没有过高的门槛，因此才形成了该会人员繁盛之况。

杆会的会所里经常会看到父子俩或者爷孙俩同时在场的情景，以前有较为严格的家族传习规定，基本是父传其子、代代相传的模式，但是现在已经没有严格的家族传习规定，有的家庭父亲不在会里，儿子不在会里，也许孙子在会里表演；有些人结了婚，有了家庭，身体发胖以后，爬杆的次数就随之减少，往往会换成他的子辈去会里进行表演；有的是祖孙三代都在会里表演。也正是这种入会形式的松散性，使更多男性村民愿意从小就练习爬杆，在他们看来，虽然爬杆有些苦，但更多是一种乐趣和在互相竞争中不断进步的心理满足。

杆会对于会员的年龄没有限制，小孩子可以来会里练，老人们也可以来会里呆着。但是登杆人员是一个随着年龄自然传递的过程，必须有一部分是十来岁的孩子，有一部分是二三十岁的成年人，四十多岁的有一两个，年纪再大身体灵活性变差以后，就不能再登杆表演，但是出会的时候都可以跟着出会，没有太多限制。登杆会员年龄必须呈梯队形，中年、青年和少年必须同时具备，否则表演叼鱼等动作会十分吃力，而且少年是杆会的主要后备力量，如果杆会里缺少小孩儿表演，那么就会出现人员断档的危机。

杆会主要的成员是大六分村本地域的村民，但是并不限制外村的人参加。杆会的主要成员是汉族人，大多信仰药王。会员具有多重身份，既是杆会的成员，表演登杆，同时在日常生活中还有别的身份，或者是工人，或者是学生。在出会的时候，许多村民自愿跟着杆会的车队一起出会，一是为了保护杆会和维持秩序，二是传承这一集体性的出会传统。杆会每年正月十五去静海县城出会时，一起出发的人能达到150多人。杆会副会长贾立祥讲：

> 杆会没有流派，没有师兄师弟，你会这个节目，就去做，你有事儿，我能替你。都是大六分村的人，只要是男性，出会都是会员，想撑杆就撑杆，想敲钹就敲钹，没有门槛儿，所以，愿意来会里的人才特别多。比如咱今天立杆了，爬杆的人没到，闲杂人员就可以替他，就是这么个情况。小至开裆裤，老到龙头拐杖，都可以表演两下子。[1]

所有的会员都是在业余时间练习。出会时，有的村民时间相对自由，可以随时出会；有的村民需要上班，出会一般都需要请假。四月初五去药王庙出会，一般都不是假期，许多登杆的人需要向单位请假才能出会，而登杆的小孩儿们基本上都在大六分村小学上学，所以由会头亲自去大六分村小学向校长请假。如果出会是一个上午，就请一上午假，出会后，孩子们下午再接着去上学。

杆会从最早的求雨仪式逐渐衍变为一种娱乐酬神和强身健体的体育与杂技活动，会员入会的目的以及杆会的信仰功能、神话传说一直在代代传承，贾立祥说：

> 我到这个会（杆会）去，我这个家庭和睦、平安，有这么一个思想支配着他，你如果完全靠犒赏他不可能都去。反正现在还有这么点意识。我们现在一出会就要举行一个仪式。那边供着香得磕个头，磕几个头从心里想我上了杆不出毛病（不出事），我掉不下来，我摔不着。这是个传统。[2]

杆会已经成为大六分村每一个村民的保护神，村民自愿入会，这既

1.2013年5月14日在大六分村登杆会所对贾立祥的采访。
2.2013年5月14日在大六分村登杆会所对贾立祥的采访。

是传统农村代代传承的集体文化，同时也是佑护他们的家神，入会不仅可以保佑家庭平安，而且能在会中找到一种身份认同感和文化自信感。

2. 会头与管事的

杆会中统领全局之人被称为会头，也可称会长。杆会成立之初的会头已经无法追溯，20世纪80代恢复以后的会头传承谱系是：第一代会头于保发、吴振德；第二代会头杨佐新；第三代会头李跃全、贾立祥。

杆会的管理结构总体上被称为管事的，由一个会长和三个副会长组成，李跃全是会长，刘凤安负责锣鼓，李耀金负责演出，贾立祥负责排练与节目单的制定，刘凤亭、孙开森两个人管财务，一个是会计，一个是出纳，会里的帐很简单，基本就是一出一入。所以，会里管事的基本上都是五六十岁或者是七八十岁的老者，他们的时间比较充裕，家庭没有太多负担，能够更多地为会里付出并且毫无酬劳。由于村中的中青年人都要工作，所以，会里平日负责的都是上了年纪的老人，他们冬天为会房生炉子，负责会房的管理维修以及各种表演器具的维修与制作，从杆会恢复之初就一直在会里，没有一分钱报酬，全凭自愿。

会头李跃全负责掌管会里的大事小情，在大六分村登杆圣会被列为天津市市级非物质文化遗产时，他被选为代表性传承人。他作为传承人具有多重身份，既是杆会的会头，同时又是建筑工人。杆会是一个集体性表演节目，所以在选传承人的时候，只能选一个有代表性的传承人，目前，一般都是选择会头作为代表性传承人，村民也很信服，认为现任的会头年纪大了不再担任会头后，新的会头自然而然地就是代表性传承人，他们不会有任何异议。

民间花会和村委会的关系在这个过程中也在发生着嬗变，首先，有些杆会的会员在村里担任职务；其次，近两年村里对杆会进行更紧密的直接管理，凡是出会，都要经过村委会的同意，而且由村书记统一安排

老会头于保发 │ 老会头吴振德

会中管事的都是老者

和管理，会头要和村书记商讨具体出会的事宜，会头自己不能擅自做主出会。会员们讲：

> 对外联络是会头联系，杆会对外主要得通过村委会，直接找我们联系的不多，我们出村得找村委会，因为一出会车多人多，得有政府保护着。大队强书记负总责，大队还派了一个专门负责我们杆会的人，叫朱广新，他是大队的副书记。这个村自古以来，村长就是一村之主，出了事村长得担着。解放以前，没有政府，村里有保长嘛的负责这块。[1]

村委会的在场表现的是官方的在场，杆会作为民间花会组织，一方面仍然保留着民间自发性、自由性和自我管理性，同时在出会上又受到村里的管理，在民间和官方之间寻找一种调适。杆会会员对于村委会的管理表示认可，因为村委会的管理主要是出于一种保护杆会出会安全的目的。

3. 会所与练习

登杆圣会现在的会所，当地人称为"会房"，就在大六分村内，紧靠子牙河，比普通的住宅占地面积要大很多，而且没有院墙，会房外八根红色的柱子将会房和村民住宅区分开。房外面的门楣上挂着会里的牌匾，上面写着"蹬竿胜会"，会房的外墙上还挂着"天津市非物质文化遗产　大六分村登杆圣会"的牌子，会房门外的两个柱子上各挂着一面会旗，上写"津静台头镇大六分村蹬竿胜会"。这所会房在"文革"后期已经破败不堪，四处漏雨，所以大六分村的村民于1987年集资在老会址上复建会房，房子的房梁上现在还悬挂着一块匾，上面写着当时所有捐款人的名单，当时捐款也就是每个人捐2-3元，但是这表明了该会的民间集体性、自发性和凝聚力，村民十分支持村里的公共事业。房子面积有60多平方米，分两间，里面的为小间，供奉以药王孙思邈为主的全神

1.2013年5月13日在大六分村登杆会所对杆会会员的采访。

图，两侧挂金色宫灯，这间屋子被称为"药王坛"，简称"坛"。外屋房间较大，正对着门的靠墙一侧横向摆放着龙杆，龙杆通身用黄色的杆衣（也叫杆罩）罩着，杆墩用红色的布罩着，这些罩杆的布有好几套，都是由来此还愿的人所提供，具体是由谁捐献的，会员们也不清楚。会所同时还摆放着其他道具，包括鼓2面，三角形会旗2面，大钹8副，小钹1副，有几个红柜子，里面盛放会员的服装和表演时用的叼鱼绳子、脚扣等道具，两个桌子用来盛放会里的一些资料：如每次出会时的收支账簿、会员表以及节目单等。会所中还摆放着一些长木椅子，供会员休息。

杆会是一个集体性的民间杂技舞蹈组织，需要有大量的人员参与其中才能表演，如果没人撑杆，登杆之人则无法表演。在专门为杆会修建的会房里，有专门设置的训练单杠，会所外的广场上还专门安置了用来进行基础练习的单杠和低一点的练习杆，也由竹子制作而成，有四五米高，其形制和正式出会的杆一样。村民多数时间要上班，小孩子们要上学，所以学生的练习时间主要是在寒假和暑假期间，会所到时候就会开放，村里的男孩子可以来此练习各种基本功，不用出去工作的老人在会所教授他们基本功。成年人则是在年节期间来会所练习，因为他们已经有扎实的基本功，有的常年不练，出会时照常能熟练表演各种动作，所以，无需像孩子们那样要经常练习。村里大道上随处设置有单杠，小孩子们走着路就随时可以练习，具体有出会活动时，再集合到一块儿集中练习。因此，登杆和村民的日常生活紧密相关，他们不只是在出会的时候才登杆，这一自由和随意的登杆环境和场所使村子里的小孩们有更多的时间和场地可以练习。会头李跃全讲：

> 会里有单杠，学生们放了假到这里来玩。村里大道上也有单杠，走着道随时可以练习，不用管他们，小孩子们玩着玩着就在单杠上练起来了，他们都互相比。门口的小杆，小孩儿爬着爬着就上去了。平

会所内练习用的单杠

会所外练习用的单杠 | 会所外练习用的小杆

常很少集合到一块儿练习，具体有活动时，再集合到一块练习。小小子们都好喜这个，这是传统，不用教。小孩儿们练习的时候，告诉他们要挺胸、收肚、憋气。练习的时候大家排队练，谁头一个表演登鸭，数秒数数，先是数到8秒，就在单杠上停留8秒钟，然后再数到15秒，时间慢慢延长，这主要是锻炼他们的忍耐力和臂力，要求不喘气，一喘气就表演不了。还要求他们去外面练习爬杆，做点动作，这主要是练腿劲儿和胳膊上的劲儿，只要把基本功打扎实，就什么动作都会表演了。[1]

孩子们在会所练习，孩子的家长很放心，他们认为孩子在会所其实最安全，出不了事，就算孩子碰着了磕着了，家长也不会来找会里的事。练习基本功，主要是练习臂力和腿力。在练习臂力时，主要是练习登鸭、仰鸭、挂单耳这些基本动作，老会员们让练习的人数秒，循序渐进，从坚持8秒到坚持15秒，一个动作要反复练习并且要停留一段时间，一个孩子接着一个孩子表演，激发孩子互相竞争的心理。练习腿力，主要是练习挂脚面、挂脚后跟以及脚转旗这些动作。练习嘴力，主要是练习叼鱼的动作，小孩子们把叼鱼绳子在单杠上拴一个结，然后用左手握住叼鱼绳子，把叼鱼绳子放在嘴中后，两腿慢慢抬起来，胳膊伸出去，这样可以锻炼嘴的力量，刚开始练的时候，要用手握住叼鱼绳子，练好后，手才可以放开叼鱼绳子。只有臂力、腿力和嘴力这些基本功都练习好了，才能更好地表演各种组合动作。

基本功练个三五年，功夫就成了硬的，不会忘。现在会里能爬杆的小孩子练了刚不到一年。如果有些孩子觉得苦，练不出来，自动就会放弃；有些孩子能吃苦，就能坚持到底，十个孩子中最后能有几个坚持到最后，表演得最好。

1.2013年5月13日在大六分村登杆会所对杆会会员的采访。

4. 女性禁忌

女性在大六分村登杆圣会中被严令禁止摸杆，从杆会一成立就有这样一个禁忌传统。不仅大六分村的女性知道这一传统，而且大六分村邻近的几个村的女性也都知道这一传统，如果有不知道这一规矩的女性进入会所，随时有人告诉她们不能摸杆。在出会的过程中，也会有人专门看守杆，告诉女的不可以摸杆，只可以看。笔者在采访的过程中，刚一进会所，想看看杆，老人们几乎异口同声地说，看杆可以但是不准摸。会员讲这是老祖宗留下来的传统，至于究竟为什么，他们也不是十分确定和清楚，他们认为如果是有女性摸杆的话，爬杆人员在爬的过程中就会发生大的事故，他们也认为这或许是封建时代不允许女性抛头露面的缘故。

大六分村中的杆会会所是一个神圣空间，女性在神圣空间中的位置也是她们在日常生活中位置的结构性体现。神性作为一个男性空间，同时也是一个社区空间和权力空间，女性在这个空间中并不占据权力和身份。因此，对女性设置了诸多禁忌，例如女性不能摸杆，女性不能入会表演，女性只能观看和凝视村中的男性入会和表演；但女性可以在药王坛的全神图像前烧香祈祷。笔者在大六分村田野调查期间，在杆会会所没见到一个女性。

杆会对女性的禁忌体现的是社会性别视角中传统村落的文化网络和权力网络，女性在这一文化网络和权力网络中处于一种边缘的地位，这一女性禁忌传承至今。在村落日常生活中，杆会作为集体行为，男人在杆会中能抛头露面，聊天互动，彰显身份地位、权威与话语权；女性则被从杆会这一空间中驱除出去，没有任何话语权，只是在祭拜空间和庙会空间中留给女性一定的空间。每逢四月初五和正月十五出会，女性可以随杆会一同出发，杆会专门租一个大轿车让妇女们坐车前往鄮里村药王庙烧香祭拜，拜庙后再一起回村。杆会每年正月十五去静海县城出会，也会专门租车让村中女性一同前往，观看各种民间花会的表演。

二、出会

1. 出会时间

登杆圣会出会的时间分传统的出会时间与非传统的出会时间，传统出会时间较为固定，非传统的出会时间则是根据邀请人的时间变动。

杆会的传统出会时间主要是两个：一是在正月期间出会，主要是正月十五去静海县城出会；一是在四月初五去鄮里村的药王庙出会。这两个出会时间是登杆圣会的元传承场，前者是作为年文化的一个传统，是年节期间的重要活动；后者是作为一种祭祀的传统，和求雨习俗紧密相关。仪式充满了象征性意义，是区别于日常生活的一种神性隐喻建构，但都和农耕社会紧密相关，体现了人和自然的诸种和谐关系。

年节分年前忙年和年后休闲两个时间段。年前，大家都在为过年做各种准备，年后是一个空闲的时间，只有过了正月十五元宵节，人们才觉得年过完了，进入一种平常状态。人们通过祭祀和出会达到祈祷丰收、平安、吉祥的目的。静海的年俗较多，过年时，除夕要吃素馅儿饺子，意思是素素静静，取清静之意。除夕子时还有望庄稼的习俗，农家上房眺望，或者提着灯笼到村外放于孤坟头，回走百步，伏身平望，望见哪种农作物，便喻示着今年此种农作物一定会丰收，从而决定种植哪种农作物。初一、初二村民要互相拜年，但是守孝之人不能拜年，亦不受拜。初二，还要家家挑水并拾柴火进家，称"进柴（财）进水"。初五，俗称破五，要包饺子，意思是捏住小人的嘴，要剁馅儿，意思是剁小人。正月十四、十五、十六，村民要走街串巷，谓之走百病，把疾病和不祥统统走掉；还要放疙瘩灯，即把扫帚疙瘩点燃，然后在广场上向上抛；同时还要看灯会和各种花会表演。登杆圣会就在正月十五出会，因此，登杆圣会除了求雨的习俗之外，还有更多的年文化的象征含义，寄托着美好的愿望。二月二龙抬头日，当地人要吃闷子和烙饼，忌挑水，称此日挑水能挑"懒龙"入户，于人不利。三月三要种葫芦，因为葫芦为吉祥之物，种葫芦有种福之意。年前和年后的时间和空间，将日常生活中的人们带入一种有别于常态的神圣的狂欢的时空，使个体聚集成为一个整体，并且人与人之间的交往与互动在年节期间更为紧密。葛兰言（Granet）认为中国的乡村生活中，"小集团的单调生活严格限制在日常的私人领域中"，"是没有所谓的'社会生活'这种东西的，除非等到标志着另一种生活到来的时刻。这就是全面集会的场合，只有到了这种时刻，共同体才能恢复它以前的统一状态"[1]。个人的社会关系以及心理，只有通过年节期间的各种交往活动和祭祀活动，通过种种礼仪，个人才能过渡到新年之后的一个时间段。正月期间，邻近村庄的花会之间会互相邀请出会，杆会在正月里就会提前给其他花会下请帖，邀请他们在正月的某一天来大六分村出会。一过正月，年过完了，各会的活动基本上就会停止，进入一种日常的状态。村民们该上班的上班，小孩子们该上学的上学，杆会的活动也暂告一个段落。

杆会另一个传统的出会时间是农历四月初五，杆会参加酆里村的药王庙庙会，每年都是主动出会。杆会早上8点半从村子出发，大概9点到药王庙，之后把杆抬到药王庙内的广场上，立好杆后，燃放鞭炮，在催阵鼓和钹的敲击下，登杆人员开始表演各种动作。大概9点半结束表演，之后会头给上庙的村民1个小时的拜庙时间，10点半集体坐车返回。以前出会，杆会是从大六分村村后的子牙河坐船去，把杆抬到船上，逆流而行至王口，王口离大六分村二十五里地。杆会农历四月初四就要出发，因为是逆流，所以要拉纤，在王口村搭棚住一晚上，第二天再到药王庙去表演。王口离酆里村15里地，全程由人扛着杆行会，人多就倒着

1.[法]葛兰言：《古代中国的节庆与歌谣》，赵丙祥、张宏明译，广西师范大学出版社，2005年。

班扛。杆会在去鄮里村药王庙的路上还会路过另一个村的药王庙，要在这个药王庙拜庙，把杆立在庙门口，登杆人员进行表演，再乘车从会所前往鄮里村的药王庙。解放前后，出会的交通工具有很大变化。最初，十里八村用人拉杆，如到王口就走水路用船运杆和人。1980年杆会恢复时，用拖拉机运杆，发展到现在用汽车拉杆运人。

杆会非传统的出会时间有的是受其他庙会的邀请，如去大寺的药王庙表演；有的则是受政府的邀请，如在天津天后宫妈祖诞辰时受邀出会，以及受政府邀请参加"非物质文化遗产日"的活动，如2011年6月11日"非物质文化遗产日"就去天津庄王府进行了表演；有的则是受政府的邀请参加各种运动会的开幕式或者去外省市参加比赛等活动。这些受邀出会的时间都不确定，有的时候一年受邀参加好几次活动，有的时候一年也没有一次。如果受政府邀请出会，几点表演、表演会道、表演多长时间、出会顺序等一般都要听从邀请方的指挥和安排，邀请方都有负责领会的工作人员。登杆圣会去天后宫出会时，就要按天后宫的规矩"抓阄排档"决定出会时的顺序，这是天后宫妈祖诞辰祭典中妈祖出巡时的传统。杆会当天去当天回，8点开始踩街，最迟6点就要从村里出发，妈祖出巡时在后面陪驾行会，杆会抬着杆主要是沿着古文化街和鼓楼行会。

出会的具体时间也要看天气，下雨天不出会，因为下雨天杆十分湿滑不能表演。2011年杆会参加天津市天后宫妈祖诞辰1050周年纪念，恰逢下雨天，该会的神杆只能放在天后宫后面的房檐下避雨，雨停了才能出会和表演。小雪天则没事，杆会都要照常出会，但是表演则需要十分小心，因为下雪天，杆也会十分湿滑，不利于爬杆。大雪天，杆会不出会，尤其是遇上"正月十五雪打灯"的天气，杆会不出会。刮风天气，会使竖起来的杆的不稳定性大大增加，虽然出会不会受影响，但是像耍流星尤其是拜四方这样的危险动作一般都不表演，最好的表演天气是无风的晴天。会头李跃全讲：

> 一年出几次会没根，有时候一年从赶庙到演出，出好几次会。有的时候一年就出两次会，正月十五和四月初五，但是有的时候赶上"正月十五雪打灯"，下大雪正月十五也没法出会，因为根本没法爬杆。[1]

所以，杆会出会前会关注出会当天的天气预报，如果第二天出会有风，那么在节目单的安排上就会安排表演难度系数较低的节目，降低危险性。如果是小雨天或者下大雪，杆会就选择不出会。

但是只要出会，无论是大风天还是下雪天，爬杆的人必须得脱了鞋和袜子赤脚爬杆表演动作，这是一种传承了几百年的传统，包括练习的时候，都必须赤脚爬杆和表演。一爬杆，先脱鞋，从杆上下来后，再穿上鞋和袜子。他们不愿意穿爬杆鞋爬杆，因为这样就违背了传统。

2. 出会场所与会道

由于登杆圣会不是一个在行进过程中表演的会，必须把杆竖好后才能表演，所以，该会出会并没有正式会道。杆会正月十五去静海县城表演，在规定好的广场上表演，因为参演的花会众多，所以静海县政府规定今年东边的花会在西边表演，西边的花会在东边表演，次年互换。这样，既可以分流人群，保障安全，也可以使县城东西两边的人能更好地看会。所以，登杆圣会的表演也是根据政府规定的场所而变更。

杆会四月初五去酄里村的药王庙出会，都是直接把杆抬到庙里的广场上，立杆后进行表演。立杆时，大锣先敲三下，然后鼓、钹齐奏。杆会出会并没有传统意义上的会道，尤其是现在，出门主要是坐车，所以抬杆行会的机会减少。

---

1. 2013年5月14日在大六分村登杆会所对会头李跃全的采访。

杆会在农历三月二十三参加天后宫的妈祖诞辰庆典时，则是根据主办方制定的会道行会，行会时由众人抬着杆行会，到了表演的场所，把杆竖起来进行表演。受其他地方邀请出会时，也是根据邀请方制定的会道行会。

3. 出会的仪式与顺序

杆会出会前并不彩排，即便受邀参加重大活动，邀请方要求封闭训练或者要求彩排，杆会也没有施行过。只是在出会的前一天下午五六点钟时，要召集出会的会员练习，因为这个时候上班的已经下班，上学的已经放学，可以集合到一起简单练习一下动作，会头说一下第二天出会的相关事宜，如出会时间、离会时间等等。召集的方式也是鼓、钹齐奏，大家听到鼓声，就自动到会所集合。

出会当天一开门，会中管事的就会把早已买好的供品摆放在药王全神图的供桌前，供品一般都是各种鲜货（以香蕉、苹果、西瓜为主），由香头点上香烛，出会时，香火不能断，以保佑出会会员的安全。

杆会正式出会之前，要先召集登杆人员和出会人员。召集的方式一般由会头提前给会员打电话通知何日何时出会，或者用村里的喇叭广播一下。而传统出会的日子如四月初五以及正月十五等，村里人都知道这天要出会，所以，会头不用提前联系，出会前一敲鼓，听到鼓声的人自动就来会所准备出会的各种事宜，比如把表演器具拿出来抬到会所外，把神杆上的罩衣取下等等。

大家召集齐后，首先要练习敲钹、敲鼓。在会房前的广场上年幼的孩童在老者的教导下先学习敲钹，之后，年纪稍长者打钹，打鼓佬打鼓与之相互配合，既活跃和调动了出会的气氛，同时也吸引了本村的村民前来观看。

练习之后要进行出杆仪式。首先是燎杆，也叫敬杆，香头点燃一束

出会前小会员在会所外练习敲钹

出会前敲鼓者和敲钹者齐奏演练

黄色的香，双手捧着香放在脸前位置，从存放全神图的药王坛内快速走到放神杆的屋内，从杆墩开始燎杆，沿着神杆杆身燎到杆圈位置，在杆圈位置要多燎一会，然后快速折返回到药王坛内，把香插进香炉，香头在蒲团上磕头祷告保佑出会平安顺利。之后，参加表演的人员轮流在坛内供奉的药王全神图像前磕三下头，有的时候他们会相互提醒磕头了没有，磕头之人依个人的心意还要默念几句。磕头之后要请杆，由出会人员把杆从屋内扛到院里，头锣在前面引路，抬杆时，杆墩部位需要4-5人抬，杆身隔一段分别由两个人左右抬，一般都是扛在肩上，杆圈由两个人抬，来到院里把杆立好，先立杆墩，然后把杆身渐渐竖起，直到稳定，立杆的位置应选择平稳的地方，利于保持杆的平衡。立杆后要由一位会中管事的点燃鞭炮绕杆走一圈，鞭炮燃放后，锣、鼓和钹齐奏。第四项是在杆上进行出会前的表演与演练，一是告诉本村村民要出会了，让本村无法跟着出会的人一睹为快；二是练习一下动作，以便出会正式表演的时候更顺利，此时表演登杆节目的顺序和出会时的表演顺序并不相同；三是表示对药王和小白龙的祭拜。立杆后，撑杆人员一般为10人左右，他们把杆墩上的粗绳子缠在腰间，杆固定好后，先由小孩儿上杆，一个一个上杆进行简单的表演，之后是多人上杆进行组合表演，最后再由大人上杆进行简单的表演。表演结束后，大锣在前方开道，鼓和钹在后面紧随，由众人扛杆从会所前搬到车上，杆墩放在大货车后面的车厢内，整个杆身斜着放，杆圈用厚厚的布垫着放在车厢前面的杠子上，需要有人扶着，都上车后，杆会出发。

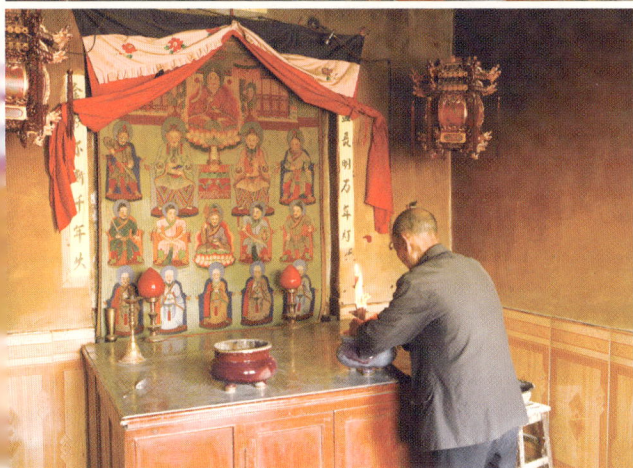

把杆请出前由香
头进行燎杆仪式

香头燎杆后把香
插在全神图前

香头进行祭拜

燎杆后请杆，把杆请
到会房前的广场上

燃放鞭炮驱邪保平安

把杆立在会房外

会员在出会前演练爬杆

小会员在演练挂脚面和童子拜佛动作

小会员要由大人托举到杆绳上，再爬杆

年纪稍长的会员也要演练动作，此动作为登鸭

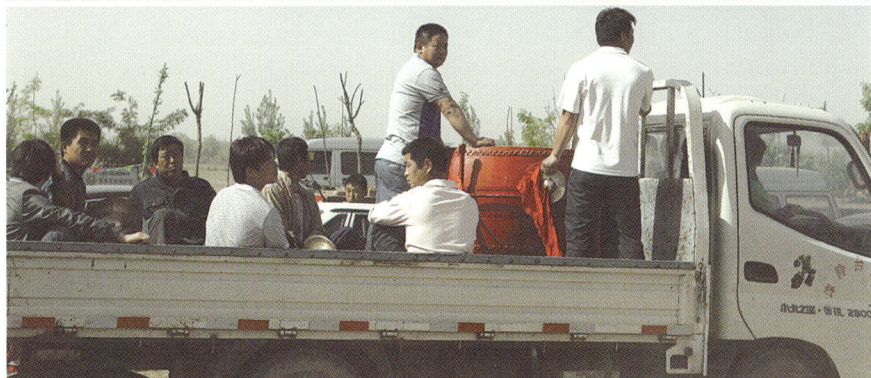

抬杆从会所出发

把杆放到车上

敲鼓和钹、铙者也坐车出会

仪式总是和宗教信仰紧密相关，信仰属于观念范畴，仪式属于行为范畴，"是信仰认知模式的外向展现，在特定场合和时间、按特定方式和程序、由特定执仪人员执行，为特定群体举行的特定活动"[1]。仪式以不断重复性来建构起仪式本身的神圣性和不可违反性，是一种"被营造的场景"，"它就像一个舞台，有相对固定的地点（寺庙、祠堂、谷场、庭院等），甚至道具（如祭祀用品）和管理人员（祭司、僧侣）等，是人们专门为某一类仪式或具'仪式化'特征的表演行为（如节庆歌舞）而准备的"[2]。杆会之所以要在出会前进行燎杆仪式，一方面，这和香的神圣性密不可分，用来燎杆的香是从药王坛请出来的香，具有神圣性，能够保平安。放鞭炮也是为了求吉利，到哪儿出会一般都按传统放鞭炮，除非邀请方明确规定不允许的情况下才不放鞭炮，比如他们去天后宫出会，天后宫里都是文物，不让放鞭炮，他们只能遵从。出杆仪式是为了纪念与重复小白龙求雨传说以及与药王信仰相联系的神话传说，通过这种纪念仪式来保持共同的村落记忆和杆会记忆，从而建构一个具有共同村落记忆和神圣时间记忆的共同体。同时，仪式的意义还可以扩大到非仪式性的生活中，在日常生活中继续延续仪式的意义，"仪式之所以被认为有意义，是因为它们对于一系列其他非仪式性行动以及整个社群的生活，都是有意义的。仪式能够把价值和意义赋予那些操演者的全部生活"[3]。

---

1. 曹本治：《仪式音乐研究的理论定位与方法》，载《"中国音乐研究在新世纪的定位"国际研讨会论文集》，北京：人民音乐出版社，2001年，第275-289页。

2. 杨民康：《信仰、仪式与仪式音乐——宗教学、仪式学与仪式音乐民族志方法论的比较研究》，《民族艺术》，2003年第3期，第55页。

3. [美]保罗·康纳顿：《社会如何记忆》，纳日碧力戈译，上海：上海人民出版社，2000年，第50页。

把杆立在药王庙广场

杆会去鄮里村药王庙出会，在药王庙前演奏鼓、钹

抬杆进药王庙

正式表演时，鼓、钹在杆的对面位置

去药王庙祭拜的信众观看登杆表演

燃放鞭炮

杆会出会时，村书记和村长都要跟会，以确保出会安全

出会后把杆抬回会所

出会后会员们在分享给药王供奉的供品

当天出会后小会员下午放学又来会所练习

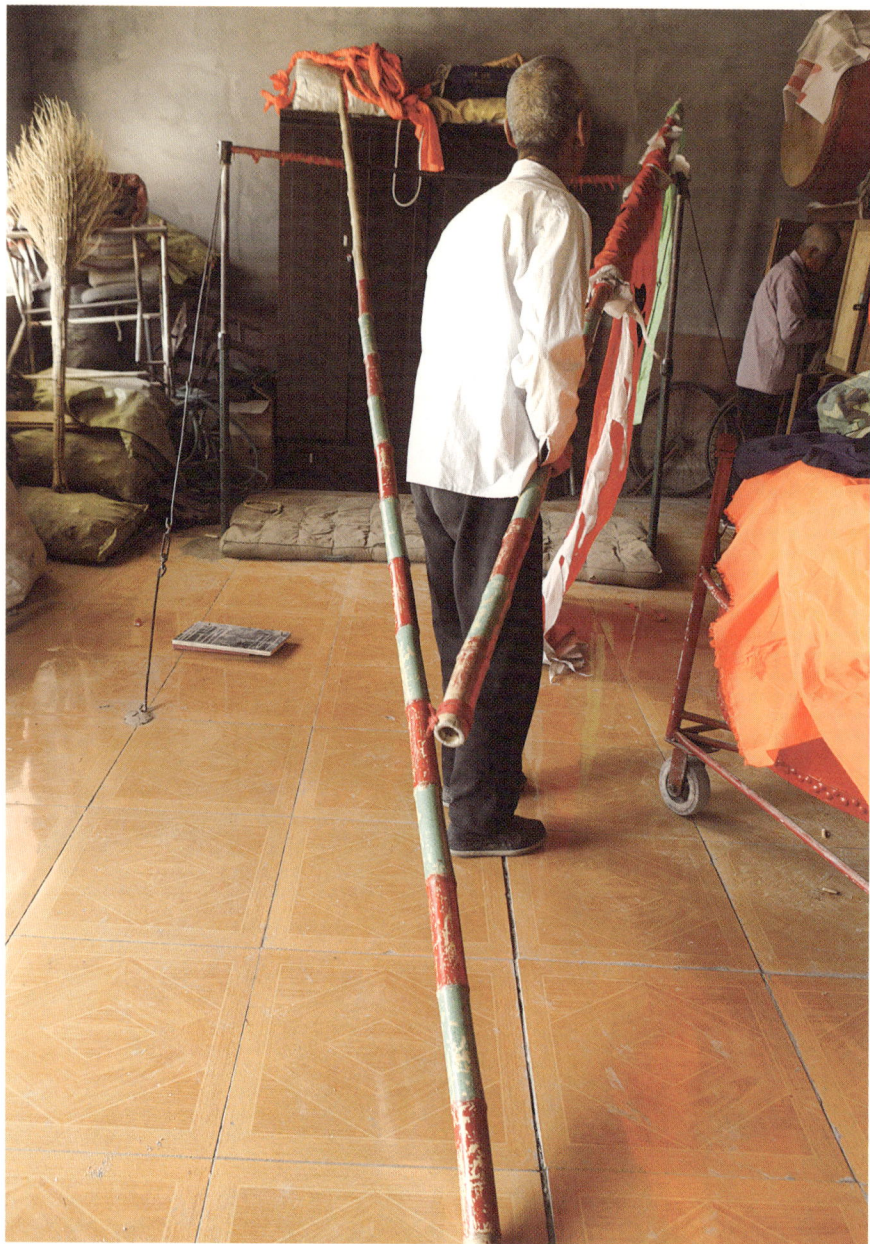

出会后，要把会旗旗杆拿下来，单独存放，把会旗挂在会房外的柱子上

村民们相信有药王保佑，出会的时候不会出事，而且该会也确实从来没有出现过伤亡事件。会中流传着许多某个会员从杆上摔下来后拍拍灰尘继续上杆表演的故事，有从杆上摔下来的，有直接摔到了水泥地上的，或者只是磕破了点皮，或者干脆没事，他们认为这一切都是因为有药王保佑。他们相信药王不仅保佑着出会的人，而且也保佑着该村村民，没有出过什么事；不仅保佑着"非常"时期的出会，而且还保佑着"日常"时期的生活。同时，由于杆会是个正直的会，所以，村中做坏事的人也少。村里的男性从小去杆会的多，都受到了会里的耳濡目染，会里不仅是一个表演的场所，在这个场所，老人教孩子表演技艺，大家互相熏陶，慢慢地也形成了一种会气，这种会气是一种求善、正义、正直的会气。

一般来说，杆会出会到会场后，连续表演几个节目之后就结束，中间并不停顿，总体表演时间在30分钟左右。有时受邀表演只有很短的表演时间，一般为10分钟左右，所以，只能把最精彩的节目表演出来。杆会1996年去上海参加全国农民运动会，为了节省时间，就直接把一个小孩儿放在杆上，一立杆，小孩儿就已经在杆上了，小孩儿手里拿着一个标语"静海县向上海人民问好"，把标语从上面放下来。

4. 出会的指挥者

出会时，由会头拿着令旗进行指挥，他不仅规定出会的时间和离会的时间，而且在会员做爬杆动作时，他也要用令旗进行指挥，用令旗敲击一下杆，表示预备，各爬杆会员在杆上做好预备动作；用令旗敲击两下杆，是起式，会员开始表演动作；用令旗敲击三下杆，是收式，会员开始结束动作，并从杆上滑下来。

从总体上讲，天津市和静海县文化局、体委、农委都可以调配该会。以前出会，这些部门都可以通知他们出会，他们告诉杆会会头，会头安排出会的事宜。但是现在出会必须向村里申请，同意后方能出会。最近几年，村里管理杆会比较严格，每次出会，都由村里统一管理。村里负责与邀请方的接洽工作，同时还要负责杆会的安全。会头很赞同村里对杆会进行管理，这样杆会不仅资金有保证，而且安全也有保证。

5. 出会的会员

杆会每次出会的会员都不固定，这次出会是这批人员，下次出会也许会是另外一批人员，但是有些特定的动作只有特定的人才会表演，如果这些人不能出会，那么这个动作就无法表演。撑杆的人和武场的人则更为随意，只要是大六分村的男性，出会的时候愿意出会，就都可以参与。

2013年农历四月初五去药王庙出会的会员除了十几岁的孩子，就是二十多岁的年轻人，表演动作与表演者分别有：

动作：掏地卜；表演者：李同喜。

动作：掐鸭转；表演者：张俊涛。

动作：倒香炉；表演者：张作跟、高爽、朱雨晨（12岁）、崔宇堃（12岁）。

动作：卖烂肉；表演者：孙涛、刘超、李同喜、张文军（13岁）。

动作：耍流星；表演者：张杰。

动作：转悠悠；表演者：张亭玉。

动作：硬鸭；表演者：杨文祥。

动作：高空登人；表演者：于文瑞（10岁）、李成烨（9岁）。

动作：登鸭；表演者：强福来（13岁）。

动作：四人组合；表演者：崔宇堃（12岁）、杨东硕（12岁）、陈壮（13岁）、陈楠楠（12岁）。

这些出会的会员既可以单独表演动作，也可以集体组合表演动作。这些动作表演之前都经过教练贾立祥的编排，并且由他草拟出会节目单，但出会时还要看情况决定具体表演哪些节目，要把精彩的节目往后压，不能一上来就是精彩的节目。人少时，先上单人节目和简单的节目热身；人多时，再上惊险和高难度的节目以及集体节目。

笔者跟随杆会出会做田野采访，统计了一下，有近20辆私家车跟着出会，一小部分为登杆人员，大部分是义务为会里抬杆、撑杆的大六分村村民。同时女性也可以随车去逛药王庙会，这是一个集体参与的活动，充满了狂欢的氛围。大家出会一是为了祭拜药王；二是为了参加庙会，感受这种热闹的氛围，观赏登杆圣会的绝活儿；三是为了在庙会上买点东西。

只要是大六分村的男性村民，在岁数和身体条件允许的情况下，想跟会就可以跟会。但是如果邀请方只允许会里去40个人，会头就得挑选一下出会会员，撑杆的、敲钹的，都得挑，原则是得挑多面手。这个人不爬杆了，可以下来接着敲鼓，撑杆、敲钹也都行。会里的管事的贾立祥说：

> 这个会自古以来就不是专业会，演员不固定，完全属于男性，上至龙头拐杖，下至开裆裤，都可以表演。[1]

但是出会人数最少不能低于30人，撑杆（也叫拉杆）的最少只能减到8人，敲鼓和钹的最少9人，还有2个扛会旗、1个敲锣的人，最少10个人表演爬杆动作。也正是这种除女性之外的全村男性村民的共同参与性，使得无论是代表性传承人，还是杆会成员，甚至是大六分村男性村民，实际上都是杆会这一文化身份的携带者和持有者，团结众多的个人建构的是"传承的共同体"，传承者不是一个个体，而是一个集体和共同体，体现了他们的生活世界和知识谱系，既是一种日常生活的常态，同时也是一种日常生活的"非常态"，是他们的神圣空间和公共遗产。"民俗研究越来越有必要在着眼于群体，着眼于群体的一致性的同时，

---

1. 2013年5月14日在大六分村登杆会所对贾立祥的采访。

也顾及个体,顾及个体的选择机制。"[1]"民俗的集体性并不排除个人因素,有些民俗事象的倡导者也许是个人,但这种个人应被理解为集体中的一员。或者说,民俗事象是由个人创造,也必须得到集体的响应和施行,否则就不能成为普遍传承的民间习俗。总之,民俗文化不是个人行为,而是集体的心态、语言和行为模式。"[2]传统村落的民间花会作为一种集体性活动,有必要既顾及个体,更要着眼于集体的传承。杆会的老人们最为担心和焦虑的还是会员的传承问题,害怕会员会断档,后继无人,这不是有一两个会员就能解决的问题。

1.高丙中:《民俗文化与民俗生活》,中国社会科学出版社,1994年,第100页。
2.钟敬文:《民俗学概论》,上海人民出版社,1998年,第12页。

三、会规

天津的花会多是由地域性的村落、社会公益性的组织（如"水会"）、业缘性组织等群众团体组成。大六分村登杆圣会作为一个以地域性村落为核心的村民自发的民间组织，具有极强的地域性、自由性和集体传承性。由于大六分村所有的男性只要喜欢都可以来会里登杆，杆会除了严禁女性摸杆外，并没有严格的会规，只有一些形成传统的规矩。每次出会，会里的老人们不用说，大家都会照着这些规矩去办事，这些规矩对会员起着制约和规范言行的作用，很少有人违反会规。

首先，表演者和出会者必须服从指挥，规定的出会时间、离会时间以及出会时表演什么动作和节目，都必须依照规定执行，不得擅自更改。

其次，出会前和出会时，不允许喝酒，喝酒会使登杆者发生危险。

再次，出会后，表演的器具和服装等要放回会所进行保管，不得私自拿回家中，杆会的东西是公共财产，个人不能占有。

第四，杆一立，鼓一响，演员必须都站在杆跟前做准备，需要谁上杆，谁就得上杆。

第五，爬杆时不能乱说话，要一心一意地上杆表演动作。

第六，出会的会员都没有报酬，也没有人要报酬（但为了提高小孩子表演的积极性，会头每次出会后都会给小孩子们买点小玩具和糖果作为奖励）。

第七，出会前每位会员必须向药王全神图磕头祭拜以保平安。

第八，会与会之间要懂得礼让，强调礼仪性和规矩性。

第九，绝对不允许女性摸杆的任何部位，只许看，只许去会所烧香祭拜，或者出会时可以跟会。

所以，杆会只有在出会时才有规定，不出会没规定（女性任何时候都不能摸杆），虽然杆会很有凝聚力，但是平常处于一种松散的状态，村民各忙各的活计，出会时才聚到一起，出会后会员又自行散去，只有几个管事的个人时间比较充裕，经常去会里，会头李跃全讲：

> 会规没有明文规定。杆会出会时，会员如果有事，可以提前给会里说，要是给你分配任务了，你不干，那就干脆别来。这是不成文的规定。会里的人都是义务奉献，没薄没厚，谁的孩子来了，都按会里的事情办理。小孩儿给买点吃的喝的哄着。这小孩儿不听父母的，都听会上的。都是一帮老百姓，没有组织，会一完就结束了，就干自己的事情去，要是出会了，再聚起来。出会就一天，好多制度你给谁定啊。杆一立，鼓一响，基本上演员都到了杆跟前了，需要谁上杆，找谁谁就得在杆旁边呆着。到了会道了，说嘛是嘛，自然而然地听指挥，没有人违反过规矩。虽然没有什么制裁，他也不敢违反会规，不敢不听会头和几个老人的，这就是靠虔诚和传统，杆会培养的是集体主义精神。[1]

松散性使杆会没有门槛，所以参与者多。但是松散性也使杆会一旦出会结束，大家又回到日常生活中，没有人有意识地为杆会的每次出会做影像和文字资料的记录。这使得杆会的历史只是存活在会员一代代的口耳相传的记忆中。

1.2013年5月14日在大六分村登杆会所对会头李跃全的采访。

四、会与会的交往

过去，几乎每个村都有会，会与会之间平日里要进行交往，出会时相遇还要互相拜会交换会帖，这都是会与会之间的规矩与礼节。各会林立，自然会形成会与会之间互相争奇斗胜的心理，所以，就难免会因为会道、技艺被比倒而发生冲突，于是，各会在会规中都非常强调礼仪。

杆会的老会帖是一张红纸，会里有章，什么时候有的杆，什么时候有的章。章上面写着会名，把章印在红纸上，就是会帖。没有老章后，就用毛笔沾墨汁写在一个三厘米宽的红布条上，用别针别在袖子上，作为会帖。到了最近几年，才换成现在的新式会帖，是一张登杆圣会的表演动作照片，上面写着会名"大六分登杆胜会全拜"，照片外还加了一层膜。至于何时交换会帖，会与会之间如何礼让交往，都有讲究。会头李跃全讲：

会帖

见到老会，就要换帖。演出的时候，人特别多，挤来挤去的，看会的人一看会帖，就知道是会上的。20世纪30年代，天津大戏院开园的时候我们会去表演，光脚丫子也能进大戏院，其他人不行，因为咱都光着脚爬杆，光脚就是咱的名片。过去会多，会与会见面得换帖，便于认识谁，好像两个人交换名片一样。1963年闹大水的时候，会房倒了，卢文森的二爷看到了会上的章，就拾起来放在自己家，会恢复以后，就拿到会上来了，会里的老章和杆同龄。[1]

1.拜会。会与会在一些出会的场合相遇，要互相拜会，双方会头说声"请"，互换会帖。

2.遇会与错会。会与会在会道上相遇后，要立刻停点，双方高举起手中的器具，表示尊敬，等对方的会过去以后，才能起点继续行会。这样可以避免会与会之间因为抢会道而发生冲突。

3.请会。杆会在春节期间会邀请附近的民间花会来本村表演，请会时，要提前几天请，由会头带着会里的几位老者拿着会帖去别的花会会所请会。花会在约定的日期来到后，在大六分村的广场上进行表演，杆会则视情况而定是否表演。村书记强兆庆说：

> 过春节时，邻近几个村的花会要互相交往一下，会头提前带人去别的会上下请帖。他们过来演出，也不吃饭，我们多少给点钱，互相扶持一下，不是营业的性质。咱们出去也不要钱，不谈价，不以经济目的出现。[2]

和杆会关系最好的会是邻近王口村的龙会，该会会名据说是乾隆皇帝下江南时路过此地所题。年节时，他们互相邀请出会，邀请来后在村子里的广场上进行表演，但是该会现在因为没人操持，已经消失。

1.2013年5月14日在大六分村登杆会所对会头李跃全的采访。
2.2013年5月13日在大六分村登杆会所对村书记强兆庆的采访。

五、会与民商的关系

传统上，杆会与民商的关系就十分紧密，以前出会的时候，有钱人家管饭，杀一头猪宰一头羊，请全村人吃。过去出会要从村后的子牙河里行船，船也是有钱人家所提供，富裕户每年轮换着管杆会。每年农历四月初五去鄮里村药王庙出会，杆会从村后面的子牙河拿纤拉到王口镇，大六分村一位姓杨的村民住在王口镇的街面上，经营生意，比较有钱，就招待杆会吃、喝、住。有的时候，杆会就在王口村的河边搭棚住一晚。杆会一下子牙河，就开始演着走，沿路有买卖家的，就摆放桌子，桌上摆着各式点心、茶水，杆会走到这里，他们就拦住杆会，招待杆会，给杆会钱，杆会就会觉得很有面子，便停下表演一番，这叫截会。目前，大六分村有一些小私营企业，对会里的赞助较其他村民为多，这都是一种自愿的付出。

第三章

程式与技艺

一、杆会表演顺序和程式

杆会出会分行会和表演。行会主要是抬着杆沿着会道行走；表演则是在出会地点进行爬杆。杆会主要是分登杆表演和鼓、钹齐奏，这两者要紧密结合才是完整的杆会出会。

杆会每次出会，都有相对固定的出会程式和顺序。首先要举行燎杆仪式，之后是请杆仪式，把杆立起后要燃放鞭炮，为的是镇邪气、树正气，确保出会顺利。爬杆者演练一番就要出会。出会的顺序为：敲锣者在队伍的最前面提大锣开道，因为去哪儿出会都要先开道，别的人都得避让，而且要让锣的声音传得远，让更多的人知道杆会出会。头锣之后是两杆大会旗，高高竖立，从远处就能知道是大六分村登杆圣会。会旗后面是众人抬的神杆，要杆圈朝前，杆墩在后。神杆后面是鼓，鼓后面是八副大钹和一副小钹，如果行会的会道宽大，鼓的两侧分别站钹；如果行会的会道窄小，鼓后面的钹则呈一列。会头执令旗或者走在队伍前面，或者在行进的队伍中来回走进行指挥。在交通不发达时，出会多为步行或者坐船，所以，杆会很少去较远的地方出会。在20世纪80年代杆会恢复后，多为坐车出会。无论是表演器具杆、鼓、钹，还是表演人员，都坐车到出会地点。

众人抬杆进入表演会场后，杆会首先要在平稳的地方立杆，立杆前，鼓钹要先演奏。敲鼓者和敲钹者都要站在杆正对面的位置，方便他们看到登杆表演的人，可以根据登杆者的动作选择敲不同的点（谱子）。门旗放在离杆两三米的两边，看会者一看门旗就知道这是什么会。鼓起到催阵的作用，杆会没有鼓谱，鼓点都在打鼓佬的记忆里，鼓点是"登登楞登、齐个楞登、登登楞登、齐个楞登、登登楞登、齐个楞登、登登楞登、齐个楞登"，来回敲这几个点，一个点比一个点紧着敲，让爬杆的人快点爬。在鼓演奏的同时，八副大钹和一副小钹也要演奏，钹的点也没有曲谱，都在打钹者的记忆里。表演者耍流星的时候，还没正式表演，鼓、钹就要先闷点，不能催，因为耍流星平衡很重要，等他掌握好平衡后开始表演时，鼓、钹才开始敲，耍流星的人耍得劲头越大，鼓、钹越是要敲得紧，这样鼓、钹的节奏才能够和耍流星的动作相配合，看的人听着鼓声一阵比一阵紧才觉得更精彩。如果风大，耍流星的人要在杆圈上多蹲一会儿找平衡，打鼓佬就不能催他；他一开始表演，鼓才可以催他。单手耍流星时鼓不用催，双手耍流星可以催。倒香炉这个表演节目不能催，因为他的道具得一个个拴，需要较长时间。总之，表演节目动作快的，鼓也跟着快；登杆的人做危险动作时，人们看着惊奇，鼓就"咣"地一声敲一下，大家都觉着惊奇；表演的人下来后，鼓再起点继续敲。总体上，鼓点在节奏上要和登杆者的节奏相一致，其作用一为催阵；二是鼓、钹的声音传得远，能够吸引更多的观众来看；三是会员们相信鼓钹的声音能够驱除魑魅魍魉，保证杆会的安全。

杆会在表演时并没有固定的节目程式，先表演哪个节目再表演哪个节目提前会由负责排节目的人制作一个节目单，但根据出会时的具体情况，表演节目也会临时变更。一般来说先表演单人节目，再表演集体节目；先由小孩儿表演，再由大人和小孩儿一起表演；先表演简单的节目，再表演难的节目，比如像耍流星和倒香炉这些难的节目就会放在中间阶段表演；最后表演一个全杆的集体节目作为收尾。

二、杆会角色

杆会的角色分为：敲鼓1人，敲锣1人，敲大钹者8人，敲小钹者1人，执令旗者1人（一般是会头），10人（最少8人）撑杆，最少10个人表演登杆动作，多则没有限制。过去有爬杆者从杆上摔下来，不管是哪儿摔破了，就用香灰涂抹一下继续上杆表演。

杆会中登杆之人较为固定，尤其是有些特定的动作只有固定的几个人才能表演，比如耍流星、掏地卜等动作，撑杆之人则不固定，在出会时村中的男性村民只要有时间出会，就会主动撑杆。杆从一个地方搬到另一个地方时，也需要很多人扛杆。

武场中有敲鼓者、敲锣者、敲大钹者、敲小钹者。敲鼓者较为固定，敲大钹者也是村中的男性村民只要会的就可以参加。目前，刘凤安负责锣鼓，李耀金负责演出。撑杆的和敲钹的都没有固定人选，始终不会缺人，每次出会武场敲鼓和敲钹的人都会有所变化，无论是谁，拿起钹和鼓就会敲，所以，都能保证顺利出会。

出会时，一个人要表演好几个节目，有的时候要演10个节目，所以角色大多时候没有截然之分。特别到了人少的时候，一个人要扮演多个角色，刚在杆上表演了一个节目下来，下一个节目还得上，或者刚表演完登杆动作，就要下来敲钹、敲鼓。现在出会，邀请方一般都限制人数和表演的时间，所以，只能一个人担当多个角色，先进行登杆表演，从杆上下来后，还要撑杆或者去敲钹等等。除非某个动作需要固定的会员表演，很多动作和角色都可以互相代替，如果这个人没有出会，可以找别的人代替。

杆会中，技术最全面的是张亭玉，他今年32岁，杆上所有的高难度动作他都会，而且他做的动作规范，不拖泥带水，干净利索，难度高，观众爱看。李同喜，今年21岁，他表演金龙缠玉柱和掏地卜很好。

杆会中还有一个重要的角色是香头，负责敬杆仪式和燎杆仪式。现在的香头由老香头选出，老香头解放前就是李庆斌，他年纪大以后就培养了杨香头（杨左通）。香头首先必须是家里父母双全的"全和人"；第二必须要负责任，初一、十五吃早饭和吃晚饭的时候必须来会所给全神图中的各位神像烧香，这叫"饭香"；第三必须是男性。

会头执令旗，是杆会的总指挥，出发的时间、出会人数以及在出会现场怎么安排、如何布局、何时表演都由执令旗的人决定，所有的人在出会现场都必须听执令旗者的指挥和临时调遣。杆旁边还站着贾文祥和卢文森两人，他们是出会现场的调度，根据节目单负责安排谁该上杆表演，并提前为爬杆者准备好需要的道具。

登杆者

撑杆者，黄绳子要缠在腰间，
脚踏在杆墩上或者地上

敲鼓者

敲大锣者

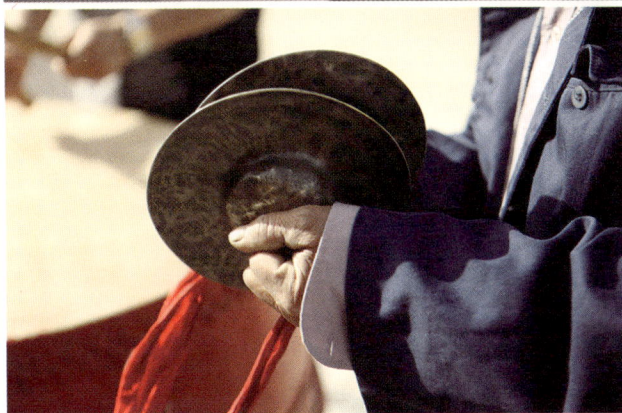

敲大铙者
————
敲小铙者

香头

扛杆者

三、杆会服装

杆会的服装基本统一，主体是红色的运动服装，小孩儿的服装有十来套，成年人的服装有六十多套，每套服装后面都有编号，这样便于对服装进行管理。对服装的要求以易于表演登杆动作为主。杆会在20世纪80年代刚恢复的时候，服装是黑色的传统中式样式，扣子为疙瘩祥扣，但是出会表演的时候，领导说看上去黑乎乎的一片，于是当天晚上就去买了颜色鲜艳的运动服。会服的裤腿不能过宽，因为杆会会员需要在杆信子上表演多种翻转动作，如果裤腿过宽，很容易卷到杆信子上，造成危险。有一年杆会在出会的时候，一个登杆者穿的是肥腿裤子，就卷在了杆信子上，下不来杆，十分危险。夏天时还可以穿着短裤和背心表演。

出会时只有登杆人员才穿统一的服装，撑杆的还有敲鼓、钹的人员穿日常生活中的服装即可。除非有重大活动，撑杆的以及敲鼓、钹的人员才都需要穿上统一的服装。每次演出时，会员统一领衣服，演出完以后，服装要退还到会里，下次出会的时候再穿。小孩儿的会服就放在自己家里，平常上学也可以穿着会服去。

不太重要的演出穿的衣服就是"大杂烩"，大家穿的服装比较随意。正式的出会，尤其是参加政府邀请的活动时，所有爬杆人员服装必须整齐。笔者跟随杆会参加四月初五鄄里村的庙会，小孩子们统一穿着会服，成年人则多穿着平日里的衣服，只要方便爬杆即可，对于服装的统一性并不十分苛求。

有些服装不是由会里购买，而是在参加某些重大活动时，由县里或者天津市体委统一购买的，如参加全国艺术节时的服装是由县里有关部门购买的；去上海参加全国农民运动会时，服装是由天津市体委购买的。

　　大六分村登杆圣会的会员出会，传统上不化妆，但是有的时候参加市里的比赛，要求统一化妆，他们只是简单地画一下眉，把脸擦白一下即可。他们感觉被太阳晒黑的脸经过化妆之后虽然漂亮了，却令他们别扭和不舒服。他们认为自己与高跷演员不同，登杆圣会的演员基本上没有角色意识，不化妆是传统。

四、表演动作

大六分村登杆圣会表演时主要是爬杆而上，在杆身、杆圈、杆信子上表演各种动作，有些动作需要用表演道具，既有武术动作，也有杂技动作。据会员讲，杆会的动作以前主要有108式，根据108个人沿小白龙身体而上推翻宝瓶求雨成功演变而成。演员在多人扶立的杆上，徒脚登杆，动作分单人表演和多人表演。最初，杆会的演练形式就是简单的爬杆，象征当年小白龙和先民到天上求雨的情形，后来才逐渐发展出许多精彩的表演形式，表演者主要以单杠、双杠的动作为基本功，在此基础上练出许多动作。

杆会的动作多和小白龙求雨的神话传说相关，如耍流星的来历，就是人们模仿小白龙求雨时，第108个人也够不着水，最后用一根绳子拴了两个绣球，站在龙脑袋上一摇晃，这个装水的瓶子倒了以后，水才流下来，所以，就产生了耍布流星这个动作。布流星就是两个布球用绳子拴起来，晚上还要耍火流星，用两个铁笼子搁上木炭耍火流星，但是因为火流星的灰烬容易撒落而伤害到撑杆者，所以，现在已经不表演火流星。

基本的爬杆动作是在爬杆时要左脚右脚交替踩在杆上，左手右手与脚配合交替扶杆，爬杆前无论大人小孩都要先往手上吐唾沫，这样做是为了更好爬杆。下杆时动作更简单，只要双手抱住杆，往下顺着滑就行。爬杆者在杆上的单人表演动作主要有：

1.登鸭（丫）：表演者爬到杆信子上后，双手紧握杆信子，背朝着杆信子，身体摆平，和杆信子呈90度夹角。

2.倒鸭（丫）：表演者爬到杆信子上后，双手紧握杆信子，身体笔直朝下。

3.仰鸭（丫）：表演者爬到杆信子上后，双手紧握杆信子，身体面朝上在杆信子上面摆平。

4.掐鸭（丫）转：表演者爬到杆信子上后，先表演登鸭的动作，然后在杆信子上翻转表演仰鸭等各种动作。

5.扛鸭（丫）：也称扛杆，这个动作非常有难度，表演者双手倒握住杆，身体背朝下，面朝上，呈水平状，还得头部冲下下来，下杆的时候，下到杆绳那儿，就转身下来站住，这个动作现在没人能表演。

6.顺杆子鸭（丫）：表演者登杆后，两只手紧握住杆信子，头朝向杆的方向，保持和杆信子平行，整个身体面朝下呈水平状，主要靠两臂的臂力作为支撑，此动作也颇有难度，现在也已经很少有人能表演。

7.大拇指头鸭（丫）：表演者用两个大拇指挂着杆信子。

8.趴鸭（丫）：表演者身体趴在杆圈上，两臂伸开，两腿并拢，食指和中指伸开，其他手指合拢，呈剑指的姿势。

9.脚转旗：表演者左脚后跟拴着一个用绳子做的脚扣，再把脚扣套在杆信子上，右脚朝下蹬在杆上，头朝下或者与杆平行，两臂平举保持平衡。

10.挂脚面：表演者爬杆而上，先用双手握住杆信子，然后慢慢把两个脚的脚面挂在杆信子上，两脚挂好后，再把身体慢慢向后仰，双手离开杆信子，头和身体垂直朝下，双手合十。之后，身体向上，双手握住杆信子，再表演一个登鸭动作作为结束。

11.童子拜佛（童子拜观音）：表演者在杆信子上挂脚面的同时，双手合十，双目微闭，呈拜佛状。

12.覆背卧鱼：表演者侧身躺在杆圈上，右手托腮，面目安详，呈卧佛的姿态，有佛教色彩。

13.挂脚后跟：表演者把两个脚的脚后跟挂在杆信子上，头和身体垂直朝下。

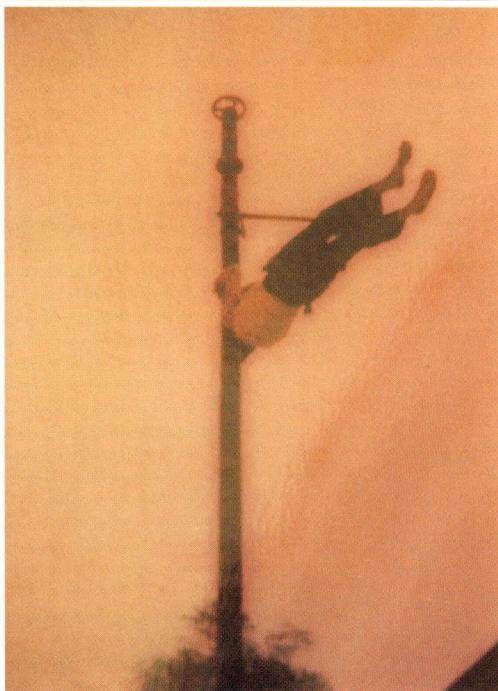

登鸭	倒鸭
顺杆子鸭	杠鸭

掐鸭转

挂脚面 | 小会员在练习叨鱼
脚转旗

挂后脑勺

14.挂单耳：表演者双手握住杆信子，然后松开一只手，单手握住杆信子，要求一只耳朵紧贴杆信子，或者超过杆信子，身体自然下垂。这个动作主要看哪个手有劲儿，臂力好，就挂哪只手。

15.挂后脑勺：表演者把后脑勺挂在杆信子上，头部使劲儿往后仰，身体自然下垂，双臂也自然下垂。

16.挂腿肚子：表演者将两个腿的腿肚子挂在杆信子上或者表演道具（主要是绳子和竹棍的组合）上，头和身体垂直朝下。

17.转悠悠：表演者身背表演道具爬杆，爬到一定高度后，就把身上的道具拿下来，绑到杆信子靠外的一段，之后把两只脚后跟放在竹棍上，把后脑勺放在另一根竹棍上；先是双手握住表演道具的绳子旋转，随着旋转的速度越来越快，双手离开绳子，之后再往回旋转，然后猛地停下；突然，头部离开竹棍，身体猛地向后仰朝下，在一根竹棍上表演挂脚面的动作，之后再在竹棍上表演一个登鸭的动作作为结束。

18.粘糖人：表演者用右脚蹬住杆的右侧，左腿从杆的左侧伸直，两臂伸开，其中左臂从杆的前面伸开，正好可以贴在杆上，作为一个支撑的力量，看起来胳膊和腿好像都离开了杆，像是被粘在杆上一样，就如沿街贩卖的糖人一样，手部做剑指的动作。

19.夹鸡：表演者用左臂或右臂腋下夹住杆，身体横着呈水平状，整个身体的力量都在腋下，把杆紧紧夹住，一般不单独表演，多和其他动作组合在一起。

20.掏地卜：表演者在登鸭的基础上，先是在杆信子倒着翻转，然后双腿来回倒换，在杆信子上上下翻转，实际上也是主要用到手臂的力量，因为用这个手撑住杆信子进行翻转，那个手就得撒开，最后再表演一个登鸭动作作为结束。

21.耍流星：表演者用嘴叼着布流星，先爬到杆信子上，然后再慢慢爬到杆圈上，第一个表演动作是双脚蹲在杆圈上表演，这是为了先掌握平衡，之后开始站在杆圈上表演，随后在杆圈上慢慢地转一圈进行表演，这叫拜四方。耍流星分单手耍流星和双手耍流星，单手（一般为右手）耍好耍，另外一个手可以叉着腰找平衡，两个手耍不好耍，因为只能靠腿和腰找平衡，时间长了就成了拿感觉找平衡。单手耍流星时先甩一个流星球，随着流星球转得越来越快，开始同时甩两个流星球，同时，慢慢从杆圈上站起来，站起来后还要边耍流星边蹲下，然后再站起来，如此反复。耍流星的动作像孙悟空玩金箍棒的动作，先把流星轮圆甩到左边然后再抡圆甩到右边，如此反复。这个动作受天气影响比较大，如果刮大风，就会影响到耍流星的表演。

22.拜四方：个人表演动作，耍流星时，表演者站在杆圈上边耍流星边慢慢转一圈，称之为拜四方，拜东西南北四方。拜四方这个动作体现了人们的信仰观念，相信东西南北四方皆有神灵。

23.单手倒立：也叫拿大顶，表演者在杆圈上表演倒立，头朝向杆圈，双手紧握杆圈，这个动作平衡很难掌握，如果遇到刮风的天气，杆会左右摇摆，表演难度更大。

24.皮条鸭（丫）：表演者把两个带子绑在身体上，带子固定在杆圈上，表演者从杆上猛地落下，绳子也随之伸长，绳子到头后，表演登鸭的动作便结束。现在这个动作演化为把一个由两条等边绳子和一个竹棍组合而成的表演道具挂在杆信子上，表演者先是把腰挂在竹棍上，头开始慢慢向下仰，然后突然将双腿向下滑至脚面，此时，鼓、钹的演奏突然停顿一下，表演者同时表演一个挂脚面的动作后结束。

转悠悠之后再表演一个登鸭和挂脚面的动作，整个转悠悠才算完成

蹲在杆圈上耍流星（一） | 站在杆圈上耍流星（二）

耍流星时有童子拜佛姿势

杆会的集体动作是由多个单人动作组合而成，具体有：

1.口叼转人：多人组合，主要是多人用叼鱼绳子表演叼鱼动作。叼鱼为上面的人用嘴叼着一根叼鱼绳子的一端，下面的人（一般为小孩）用嘴的后槽牙叼住这根叼鱼绳子的另一端。

2.倒香炉：集体动作，倒香炉的动作组合就好像一个香炉倒过来的样子。最上面的两个人腰里有绳子，系到杆圈上，头和身体朝下，双手扶着杆，两条腿向后翘起来，两个人嘴里用叼鱼绳子分别都叼着一个孩子，一个叼鱼绳子长，一个叼鱼绳子短，被叼鱼的小孩儿两臂和两腿都伸展开，无法做到两臂平举时可以用一只手握住叼鱼绳子，另一只手平举即可。

3.三猿竞技：这套动作是三个小孩的组合，最上面的表演卧鱼，中间的表演登鸭，下面的表演粘糖人。

4.驴打滚：这套组合动作中，最上面的表演者用脚扣拴着杆圈，手固定死，用长带子绑着一个年纪小的表演者，提溜上去，再提溜下来，然后小孩子表演登鸭，两者再表演叼鱼就结束。动作名称之所以叫驴打滚，是因为小孩儿刚开始和大人在一起，大人一松手，小孩儿就咕噜咕噜下去了，打着滚下来，到了一定的高度，带子到头后收住，像驴打滚一样。这个动作的名称形象生动，具有民间色彩。

5.高空登人：这套动作是四人组合，是20世纪90年代后创新的动作，由刘超、陈祖来创作。主要是靠腿和腿别住，最上面的表演者脚后跟拴着一个脚扣，脚扣下面拴着道具，一个人躺在竹棍上，下面是一个人在另一根竹棍上表演登鸭的动作，左右错落有致。

6.卖烂肉：也叫挂烂肉，群体动作，6个人是一个组合，看上去就像卖的一串肉一样。最上面的人腰里拴着一个套，其动作为一条腿搭到杆信子上，所有的人都靠他的力量作为支撑。他的腿上还有一个扣，拴在

倒香炉

杆圈上，1个人在表演登鸭动作，登鸭人嘴里用叼鱼绳又叼着一个人，一共6个人，底下3个，上面3个，表演这个节目最多的时候是8个人，叼鱼绳有长有短，可以错开。

7.后脑勺挂后脑勺：双人动作，最上面的人表演挂腿肚子的动作，然后把后脑勺悬挂在一个竹棍上，两根绳子和竹棍呈三角形，一共是两组道具在一起，下面的人也把后脑勺挂在下面的竹棍上，上面的人头朝下，下面的人头朝上，表演者双臂平举伸开，手指为剑指。

8.双登鸭：双人动作，两个人头冲着不同的方向平行表演登鸭的动作，腿蹬出来以后身体必须水平，如果功夫不到，蹬出来则不是水平的。

9.双人指路：双人动作，一个人右手扣住杆圈，右脚全凭脚尖的力气蹬住杆，左臂平举，左腿伸展开，另一个人和他表演相同的动作，只是两个人面向相反的方向，手指为剑指。

10.叼鱼：上面的表演者身体朝下，把叼鱼绳放在两排后槽牙的中间，要顺着放，然后用叼鱼绳叼起小孩，被叼的小孩头朝上，也是用后槽牙叼住叼鱼绳。

11.脚转旗和叼鱼：表演脚转旗的人脚上拴着脚扣，把脚扣拴到杆圈上，他身上背着小孩儿，小孩儿身上绑有绳子，他手一扔，小孩儿从他背上下来，与此同时，他把准备好的叼鱼绳放在嘴中，叼着这个小孩。

12.水中捞月：最上面的人在杆信子上挂着腿肚子，头朝下，中间的人的两条腿分别挂在上面的人的胳膊上，他的双手再拉着一个人，此人头朝下，两腿缩在一起，仿佛猴子水中捞月的动作。

13.墩腿肚子：最上面的人表演挂腿肚子的动作，下面有个人把一条腿放在他的两腿中间，头朝下，主要是用腿肚子挂住人，这叫墩腿肚子。

14.全杆：群体动作，一般也是出会时表演的最后一个动作，由七至八人整体造型，一般最上面的人表演卧鱼或者趴鸭，下面的人表演叼鱼

双人指路

等动作，再下面的人表演登鸭、夹鸡、粘糖人等动作。会头李跃全讲：

> 压轴的节目得准备人多的节目，表演全杆，最多10个人表演，
> 最少6个人表演。杆圈上一个人表演动作，杆信子上俩人表演动作，
> 剩下的人有表演夹鸡的，有表演登鸭的，得是精彩的才行。有时候
> 赶庙没嘛节目单，玩儿多长时间也行，有的时候出于安全考虑公安
> 局不让玩，杆和鼓都不卸车，逛完庙后就回去。这二年不管了，就
> 开始表演了。[1]

这里所列举的动作是杆会中最经常表演的动作，但并不是杆会的
所有动作。因为杆会中所有的动作都可以自由组合，比如可以是二人组
合、三人组合或者四人组合、六人组合、八人组合，甚至是十几个人的

1.2013年5月14日在大六分村登杆会所对会头李跃全的采访。

双登鸭

后脑勺挂后脑勺

全杆，最上面的人在杆圈上表演趴鸭，还有一个人在
杆信子表演挂腿肚子，下面的两个人在表演粘糖人

组合。二人组合表演双登鸭、双人指路等动作；三人组合表演三猿竞技等；四人组合表演高空登人等；六人组合表演卖烂肉等；多人组合表演全杆等等。这些组合既具有一定的程式性，同时更具有随意性，可以根据现场情况随时调整动作的组合。好多集体动作，杆上十几个人同时表演，姿势特别好看。虽然这个姿势不难，但是具有观赏性，群众爱看，所以这种动作表演的机会和场合就多。有的动作很难，但是观赏性不足，观众的叫好声会影响到他们下次对于节目侧重点的安排。

现在有几个动作如单手倒立和扛鸭的危险系数较大，已经不再表演，几近失传。无论表演何种动作，关键是干净利索，不拖泥带水，一个节目能定住一定的时间，观众看的就是那个惊险性。

杆会的一些动作和佛教信仰相关，如童子拜佛和卧鱼等，都是模仿佛教的一些动作而来，表达了杆会的民间信仰的统合性——既信仰药王孙思邈，同时也信奉佛教，世俗功能性较强，主要是为了祈求保佑登杆时以及日常生活中的平安顺利。《天津天后宫过会行会图》中描绘的"胜议扒竿老会"的动作，大六分村登杆圣会基本上都有，只是胜议扒竿老会的动作名称更文雅，如"天官赐福"、"独钓寒江"、"顺风打旗"、"顺水投井"、"飞虎盘车"、"高跳龙门"、"拔山举鼎"、"海底捞月"等。登杆圣会的动作名称更通俗易懂，具有直观性、形象性和民间性，如挂脚面，爬杆者表演的就是把脚面挂在杆信子上或者道具上，但是胜议扒竿老会称之为"海底捞月"。另一方面这也证明了大六分村登杆会的动作至少从清末开始就已经有了，并传承至今，其表演道具等也大同小异，基本上都是民间常见的绳子和竹棍的各种组合。

杆会去上海参加表演的时候，市里还把杆会的名字改为"龙杆圣会"，把动作的名字改得更文雅，如把"高空登人"改为"海鸥望海"，"粘糖人"改为"仙人指路"，"转悠悠"改为"天旋地转"，

脚转旗和叼鱼

全杆的一种，最上面的在杆圈上表演腹背卧鱼，有两个人在杆信子表演双登鸭，下面的两个人在表演粘糖人

三人组合，上面的人在表演登鸭，中间的
人在表演夹鸡，下面的人在表演粘糖人

爬杆者爬杆前一般都要在手
上吐唾沫，这样利于爬杆

"捎鸭转"改为"金龙缠玉柱"。但是表演回来以后，该会虽然认为这些动作名称改得很好，却仍然沿袭着以前的动作名称，因为这已经成为一种习惯，每次练习的时候，用的就是这些动作的名字。老人们在训练小孩儿的时候就说，表演一个登鸭、捎鸭、夹鸡或者粘糖人等，小孩子虽然有时候不知道这些动作名称怎么写，但是都知道每一个动作名称所对应的动作。

杆会的老者在挑选谁更适合表演哪一个动作时，也要看表演者具有哪些特点，比如牙齿更有力气的，就表演叼鱼；脚更有力的，就表演脚转旗；胳膊和手更有力的就表演顺杆子鸭等动作。谁更擅长哪些动作，在平常训练的过程中，老师傅们一眼就能看出来。有的人是全能，牙齿、胳膊和腿都有力气，平衡性也好，就能表演各种动作。相对来说，夏天表演者脚上会出汗，杆比较好爬；冬天杆特别滑不好爬，容易往下出溜，尤其是再刮点小风，脚没一点湿气，吐点唾沫擦擦再往杆上爬。表演者越往上越好爬杆，因为上面的杆细。

鼓是武场的灵魂，同时也是武场的指挥者，武场要和登杆者紧密配合，才能保证出会的顺利与精彩。

鼓的动作主要有：

1.单槌儿鼓：敲鼓者以单槌儿击鼓。

2.双槌儿鼓：敲鼓者以双槌儿击鼓。

3.阴鼓：把鼓的声音刹下来，两只鼓槌在鼓边不停地敲击，声音越来越低。

4.催鼓：鼓声由弱到强，一声比一声紧，催鼓的同时，钹的敲击声也要随之渐强。

钹分大钹和小钹，但是动作基本相同，钹的主要动作有：

1.网钹：拿钹的基本手势，叫网钹。钹缨子夹在中指和无名指中间，夹的位置根据手的大小决定。手小的留短点，手大的留长点。往里转，转一圈儿，然后拿住钹。两只钹都这样拿，网钹得把白色小辫儿缠紧了。

2.击钹：两只手拿钹，钹边碰钹边敲出声音为击钹。击钹的节奏为1/2拍。小钹敲击的速度比大钹快，节奏为1/4拍。

3.抱钹：抱钹是基本位，双手抱钹，钹心朝胸，站得笔直，该敲什么点敲什么点，敲完点后就回到抱钹的姿势。

五、绝活儿与艺术特色

大六分村的登杆圣会目前是天津市唯一的一道登杆会，和左各庄杆会无论是在杆的形制，还是杆会的信仰与传说以及表演动作上相差不多，但也有许多绝活儿和鲜明的艺术特色。

首先，登杆之用的杆只有杆墩作为支撑，杆并不十分固定，需要由将近10个人用手撑杆，把杆上的粗绳子系到腰上，脚踏在地上或者杆墩上，这样才能够更好地支撑杆，但是仍然不能保证杆的稳固性，尤其是在有人登杆的时候，杆更是会随着登杆人的动作晃动，有的时候，如登杆的人在表演耍流星这一动作时，杆能摆到45度，杆本身具有很大的弹性，这使爬杆者在表演动作时更加惊险和刺激。杆会的杆与《天津天后宫过会行会图》中所描绘的"胜议扒竿老会"的杆明显不同，胜议扒竿老会的竿是固定在一个底座上，由众人抬着行会，而且杆信子为木头制成，杆的左右两端都有杆信子；而大六分村登杆圣会的杆只有一个杆信子，且由铁棍焊接而成。

其次，登杆之人没有保护措施，演员上了杆顶，身上也不拴保护绳之类，全凭演员自身的平衡意识去掌握，动作分单人表演和多人组合表演。但是撑杆之人拉的绳子撑开以后像一把伞骨，可以说是一道防护措施，但是这种防护也有限，登杆表演的人一旦从杆上摔下来，大多是摔到保护绳之外的地上。左各庄杆会的杆和大六分村杆会的杆形制大体相同，但是在撑杆人胳膊上会搭上厚厚的被褥作为保护，人一旦不慎从杆上跌落，能落在这些被褥上减少伤害。

第三，表演时不论冬夏，上杆表演人员都是赤脚爬杆，手脚并用。平常练习时无论是在单杠上表演动作还是在练习杆上表演动作，都要光脚练习，这已经形成了一种表演的无意识，从来不允许任何人穿鞋登杆。

第四，演出人员、撑杆人员以及乐队人员均为男性，女性不仅不能登杆，不能入会，甚至不能摸杆，这被视为一种禁忌，该会仍然传承着这种禁忌传统。

第五，该会的起源有着独特的传说，据说和小白龙为民求雨有关，小白龙为民求雨而死后，脱落的骨节成了该会的杆，而该会的108式动作则多根据小白龙求雨时的动作而来，如登鸭、掐鸭和耍流星的动作等都是据此而来，这不仅为该会增添了神秘色彩，而且也反映了农耕文明时期人们和自然的关系，是大六分村村民世界观、自然观的一种思维体现。

第六，该会仍然传承着传统的祭祀仪式、出会仪式。杆会会所和药王坛在一个并置的空间中，药王坛中还供奉着药王全神图。每逢初一和十五本村和邻村村民要来给药王等神像上香。每次出会前必须要给药王上香，然后由香头进行燎杆仪式，之后请杆，把杆从会所里请到会所外，登杆人员都要在药王神像前磕头，之后在杆上表演一番动作，才能出会。这些出会仪式的传统是传统村落中民间信仰和民间花会结合的一种范例，具有地方性知识。

第七，该会仍然传承着原生态的出会时间，一是在正月十五出会，一是在四月初五参加鄙里村的药王庙。传统的出会时间表明了元传承场的活态性，保留了更多原生态的非物质性遗产。这两个出会时间，一个是年文化的在场，一个是药王信仰在地化的在场，这两个文化场域表征了大六分村村民的信仰世界与"非常"世界，这两个世界又延伸到了村民的日常生活世界中，这也是传统村落中民间花会传承的血脉、气场与内核。试对杆会文化空间结构作图表如下：

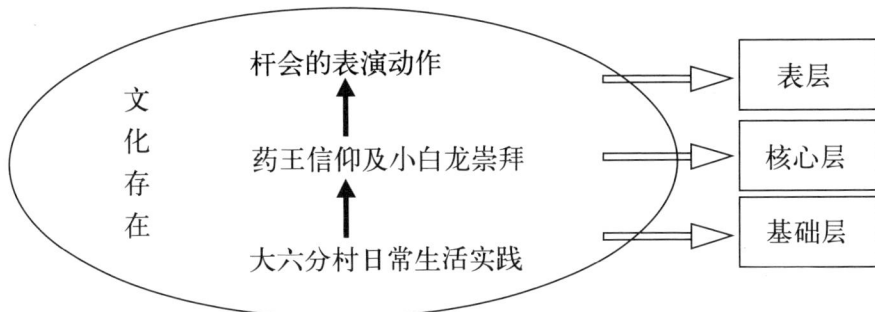

文化存在是指大六分村杆会的空间存在方式，大体分为三个层次，其中，大六分村村民生活的自然环境、日常生活实践、村落制度、传统文化是其文化存在的基础；杆会的出会及表演是其文化的表层；村民的药王信仰及小白龙崇拜是当地民众虔诚的信仰，也是核心层。在行为上，表现为独特的祭祀方式和禁忌等行为方式，影响着人们在杆会中的行为，也影响着人们在日常生活中的行为。杆会跨越了时间，是一种超时间的存在，不仅维系着现实，而且也维系着过去的信仰与观念，人们通过祭祀、出会等各种行为延续着传统和村落的记忆。

第四章

器具与遗存

一、表演器具

1.杆（竿）。杆会是大六分村的标志性文化，杆是登杆圣会的标志性文物或者说标志性表演器具，整个登杆圣会以杆为主要的表演器具，整个杆会的表演是人在杆上表演各种舞蹈、杂技动作。登杆圣会中的杆，既是祭祀器具，同时也是表演器具，因为在口口相传的民间传说中，它是小白龙身体骨节的化身，所以具有了神格化，同时小白龙为人民祈雨甘愿牺牲自己，又将小白龙人格化，杆更具有一种保护村民的"神力"，是镇村之宝。

杆也可以写作"竿"，因为整个杆身是由竹竿制作而成的。此杆重量约为180多斤，直径为14厘米，共分为四个部分：杆墩、杆身、杆信子和杆圈。杆原来的长度有8米多，由于天长日久根部逐渐腐烂，所以截去1.5米左右，现在杆长不到7米。杆身有18节，每一节用红布缠绕，既有辟邪保平安的作用，又利于演员爬杆，同时还象征小白龙的108节龙骨。在杆的下端有木制杆墩，重量约为100多斤，直径80厘米，高40厘米，主要用于杆立起来时支撑整个杆的重量。杆和杆墩之间用红布缠绕固定，距离杆墩10厘米的杆身上有12根用彩色布条做成的大辫子状粗绳子，用于演出时缠在撑杆人的腰间，在众人的合力下可以让杆更好地固定，不用时则把绳子缠绕在杆身上。杆信子靠近杆的顶端，是一根长1.4米的铁棍，与杆垂

杆

杆身上有十几条绳子，用以立杆的时候缠在撑杆人的身上

杆墩

杆圈

杆墩年久腐烂后打的补丁

杆墩底部由铁条固定

直，一般演员要在杆信子上表演各种动作。杆圈在杆的最顶端，为铁制，整个杆圈也用红布缠绕，爬杆者可以站在杆圈上表演各种动作。

这个杆的骨节近而壁厚，据此分析，它的生长期较一般竹子要长得多。有关专家曾对此杆进行了考证，结论是找遍了南方竹林，也没有见过这种材质的竹子。杆用黄色的杆衣（也叫杆罩）罩着，杆墩用红色的布罩着，平时平放在会房内，与药王祭坛放在一起。这个杆由于人们长期在上面爬行，手脚与竹皮相互摩挲，使竹皮上有一层古铜色的包浆。现在这个杆已经成为静海县台头镇大六分村的重点保护对象。

登杆圣会的其他器具一般都是购买而来，只有杆的加工维修有一些值得强调的地方，如，杆信子是焊接而成的；杆墩因为年久腐烂，曾经打过几个铁"补丁"，并且杆墩上有一枚老钱，这个老钱作用很大，起到一个准星的作用，在把杆插到杆墩上时，要把此铜钱对准杆

杆墩上的老钱，把杆身插到杆墩里的时候，杆信子要和这枚老钱相对应，这样才能够插得牢固

信子，这样才能使杆身和杆墩之间的连接更牢固。杆是竹子的，杆墩是木头的，它们之间的连接为凿榫式，而杆信子是金属的，它用焊接的方法与杆相连接；除此之外的表演器具一般都是由市场或商店购买而来。

2.三角形会旗。也称开道旗，共有四面，一般常用两面，在出会时使用。会旗上印着"津静台头镇大六分村蹬竿胜会"字样。会旗不用时就绑在会房前面的红色柱子上，出会时，有人双手执会旗走在队伍的最前面，会旗的竹竿上面要插上一个红绒球做成的顶座，显得更气派、更讲究。

3.鼓。会房内有两面鼓，出会时只使用一面。一面鼓直径为80厘米，鼓面为牛皮制作，出会时不经常用，现在悬挂在房梁上；一面鼓直径为1米，牛皮制作，出会时用。敲击鼓的器具为鼓楗子，也称鼓槌儿，为杆会会员自制。行会时，鼓一般由人在两边抬着，如果是长时间的行会，会员还制作了一个小推车，把鼓置于其中，可以推着行会。

4.钹。出会时需用大钹8副、小钹1副，钹由响铜制作，大钹尺寸为直径30厘米左右，小钹尺寸为直径10厘米左右；钹上缠有黄色的缨子，钹缨子用布制作而成，长近1米。

5.锣。锣为开道大锣，直径为80厘米，出会时用来开道。登杆圣会的锣很大，由响铜制作，其声响很清脆，传得远，锣上面有铁丝做成的提手，铁丝由塑料包裹着。传说当锣声响起时，那些魑魅鬼怪就会逃走，并且可以提醒出会时看会的观众为杆会避让出场地。敲锣的锣槌儿为木制，用红布包裹着。

6.叼鱼绳子。出会时使用的表演道具，一般在表演叼鱼的动作时使用。这种绳子里面是麻绳，外面是一层绒布，表演者用后槽牙叼住叼鱼绳子。叼鱼绳子有长有短，长者为80厘米左右，短者为40厘米左右，为杆会会员自制。

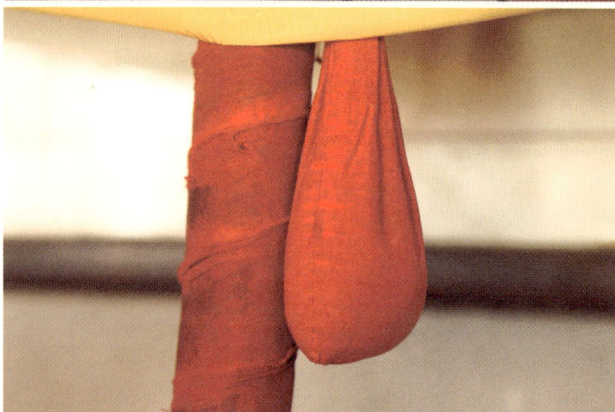

杆信子

杆信子旁边的红布兜里装的是松香粉

会旗

出会时，会旗杆上还要
插上用红绒球做的顶座

鼓。鼓有两面，不用的鼓挂起来，
常用的鼓放在鼓架子中

7.脚扣。出会时使用的表演道具,里面是一条条的白麻线,外面裹着一层枣红色的布,两端闭合。主要功能是把表演者的脚固定在杆圈上,利于表演各种动作,如做脚转旗的动作时,就需要用脚扣把脚踝固定在杆圈上。脚扣为杆会会员自制。

8.转悠悠道具。两个呈三角形的表演道具,两边是等长的红色的布,下边是一个竹棍,最上边是一个铁圈和一个铁钩子拴着这两个表演道具。表演时将铁钩子拴在杆圈上,人在竹棍上表演各种动作。

9.倒香炉道具。最上面横放着一根竹棍,竹棍上绑着麻绳,麻绳上绑着红色的布,红色的布下面又绑着一个三角形的竹棍。

10.布流星。白天耍流星的主要道具,一根绳子两端拴着两个用布团做成的红色绣球。

11.火流星。夜间耍流星的主要道具,两个铁笼子里搁上木炭即为火流星。

12.松香粉袋子。在杆信子的最上端有一个红色的袋子,里面装的是松香粉。登杆人员爬杆时间久了,手上会出汗,可以爬到杆信子上,在手上抹点松香粉,防滑用。

13.令旗。令旗一般由会头拿着,无论是行会过程中,还是表演过程中,所有人员都听执令旗者的指挥。令旗为三角形,中间的红布上写着"令"字,令旗的三个边是白色的月牙边

14.单杠。练习基本功时的主要器具。杆会中所有的个人动作如登鸭、挂脚面、挂腿肚子、叼鱼等都需要先在单杠上进行练习,单杠下铺着垫子,保证练习者的安全。只有基本功练习好后,才能够上杆表演动作。

15.练习杆。练习杆在会房外,形制和正式的杆一样,只是略矮。小孩子们在单杠上练习好基本功后,要在练习杆上表演各种动作。熟练以后,才能爬正式的杆。

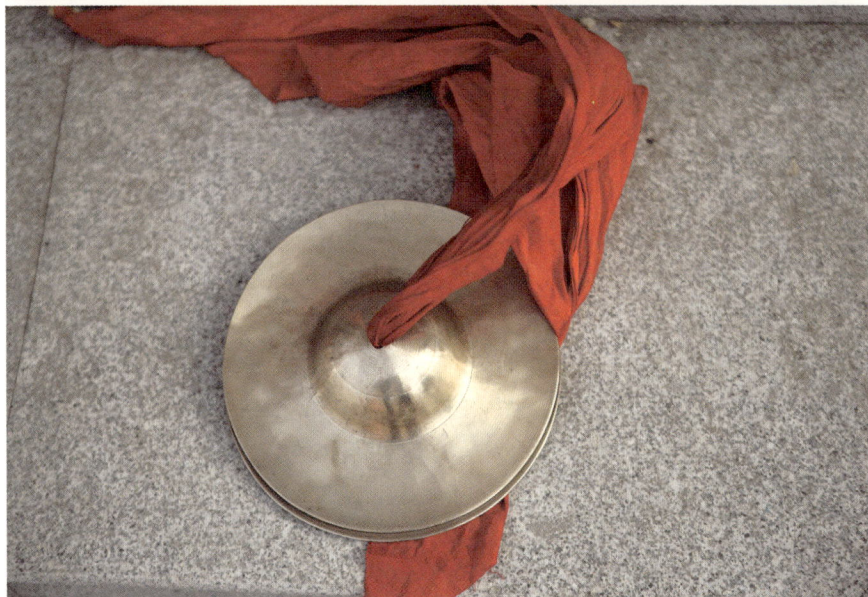

大钹
小钹

开道锣

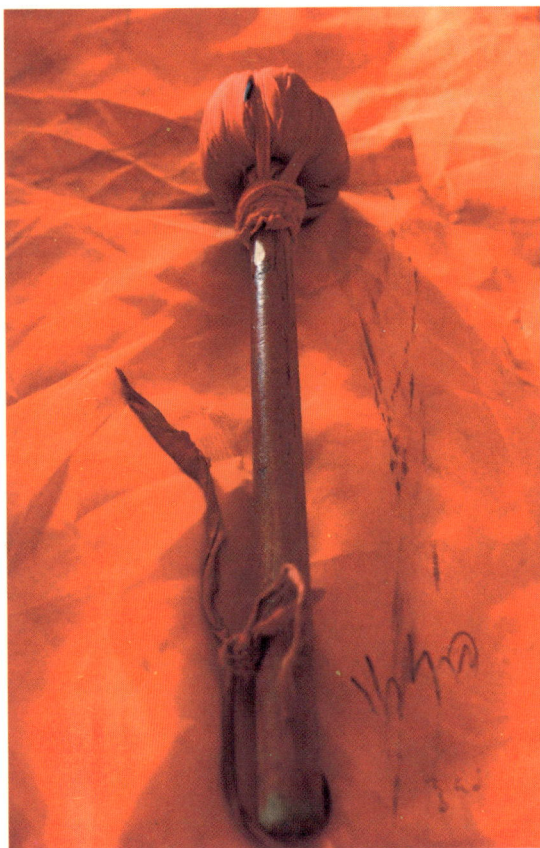

敲锣的锣槌儿

叼鱼绳子，有长绳子和短绳子，
在表演的时候，可以错开表演

脚扣

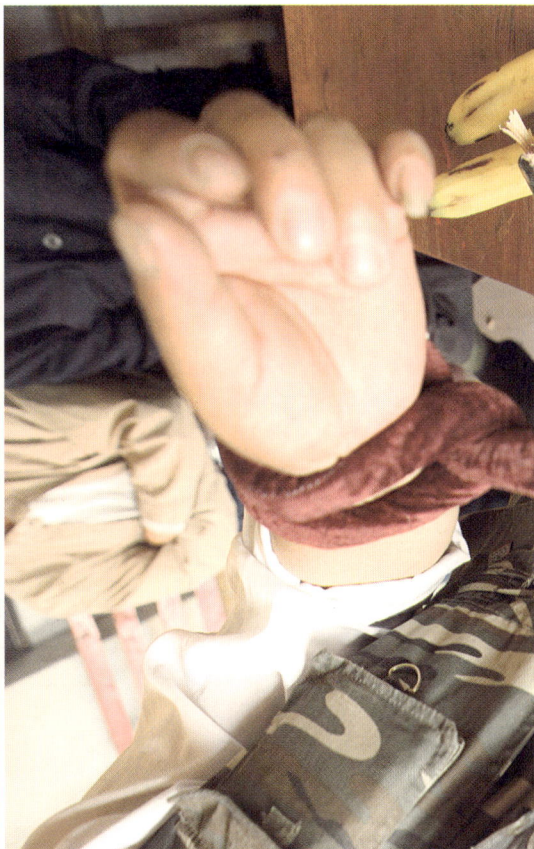

用手演示脚扣的固定方法

倒香炉道具 | 倒香炉道具局部
布流星

转悠悠道具

出会时将杆固定在车上的工具

令旗

二、器具的象征意义

爬杆表演来源于汉代百戏之一，是一项有一定危险性的活动，"百尺高竿百度缘，一足参差一家哭"。杆在唐代发展成为"百尺竿"，爬杆者危险系数增高，一旦从杆上摔下，就会造成伤亡，所以，杆下必须有保护设施。天津"胜议扒竿老会"中的爬杆者并无保护设施，而大六分村杆会中的爬杆者以及左各庄杆会中的爬杆者通过撑杆者起到一个保护的作用。

大六分村登杆圣会中所用的这根神杆在大六分村人看来是神圣的，他们认为此杆的生命与村民们的生命完全是血脉相连的，因此，大六分村的村民将此杆视为图腾，其虔诚的态度是圣洁而坚定的。德国学者恩斯特·卡西尔在《人论·神话与宗教》中说："所有生命形式都有亲族关系似乎是神话思维的一个普遍预设，图腾崇拜的信念是原始文化最典型的特征。"应该说，恩斯特·卡西尔的这段话是中国民间文化中"万物有灵"思想的有力印证。另有一种说法，还有待进一步考证，此说认为，登杆圣会的杆反映了先民生殖崇拜的思想，象征着多子多福。

杆会作为非物质文化遗产，应该既保护其无形的非物质遗产，也保护其有形的物质遗产。杆既是杆会信仰的载体，同时也是杆会的表演工具，不仅历史悠久，而且是杆会最为核心的标志性物件，没有杆，就没有杆会。村书记和会头想再做一个新杆出会时用，把这个神杆保护起来，但是爬杆人员还是觉得爬神杆更有安全感。

第五章

传承现状

一、传统社区认同与嬗变

村落作为一种传统社区，在自然与社会的双重变化中也会随之产生变异，因此，村落中的民间信仰也是一个不断发展变化着的客观存在。据史载，在"靖难之变"中，战争给静海县一带造成极大的创伤，而此地人口也是靠各方移民来充实的，因此，登杆圣会的宗旨就是强身健体、祈求平安，登杆圣会的功能不断扩充，然而其核心内容依然不变。这种心理基础奠定了登杆圣会的性质主要是用来保障村民生活和生产的，因此，登杆圣会很快与药王崇拜结合在一起，成为一个综合性很强的民间信仰。

"社区是由人民、人民所居住的地域、人民生活方式或文化构成的。社会内部结构分为两大类：一是人民的空间和社会组织全貌；二是社区权力的分化秩序。社会空间和社会组织的布局，有的是以亲属制度为轴心，有的是以地域关系为轴心，有的是以行业为轴心，有的是以行政空间为依据。"[1]乡土社会一般以亲属制度和地域关系为轴心，大六分村登杆圣会不仅重新凝聚了具有共同地域关系的村民的认同感，而且周而复始地重构着药王信仰，其神圣化、仪式化犹存，并非是单纯的娱乐化，既和驱寒逐疫、迎春纳福这种迎春仪式相关，也和药王信仰、小白

1.王铭铭：《社会人类学与中国研究》，北京：三联书店，1997年，第58—59页。

笔者在会所采访

龙信仰相关，民间参与程度极高。同时，春节期间和出会时节，会与会之间的各种交往礼仪包括会规也是乡土社会秩序的象征性重演。

药王崇拜在大六分村具有地方性特征，药王庙供奉的是药王孙思邈，但是村民对于孙思邈本人的故事和传说并无更多了解，农历四月二十八是孙思邈的生日，但是杆会并没有选择在这一天出会。杆会是大六分村这一乡土社会中的宗教信仰中心，人们普遍相信药王能够治病保平安。许多乡土社会政治和民俗（祭祀等）方面的活动是相分离的，而大六分村的日常生活民俗和祭祀却与社会政治紧密相关，杆会的一部分负责管事的人同时在乡村政治体系中也担任一定的职务，但是，一进入杆会，就从一种日常的状态过渡到一种非日常的状态，从一个世俗的空间进入一个神圣的空间。

杆会与祈雨习俗、年文化紧密相关，是古老农耕礼仪的活化石，目前，仍然在活态传承。民间信仰不仅维系着传统社会的结构与认同，而且在现代社会转型期以及城镇化建设过程中，对于乡土社会的重构同样具有重要的意义。在社会转型中，登杆圣会也发生了一些嬗变，这些变化重新界定了人们的地理、心理边界，社区就是小地方中的大社会。药王坛和杆会在一起，说明在大六分村神灵崇拜与社区组织之间存在着一种日常与神圣并存的关系，登杆圣会是个人家庭之外的一个公共领域，是一个公共空间和公共场所，同时也是一个神圣空间。马林诺夫斯基把人类学的研究对象划分为"文化"和"人的基本需求"，他认为社会人类学者的使命在于通过田野调查理解人的文化性、制度性的活动与人的基本需求之间的关系。[1]杆会就是一种制度性的活动，是一种文化，已经超越了人的基本生存需求，提升到一种精神和信仰的层面。杆会是大六分村这一传统村落与社区的标志性文化，是一个整体的叙事，即在杆会

1.王铭铭：《社会人类学与中国研究》，北京：三联书店，1997年，第29页。

表演活动中呈现的民间集体行为和技艺叙事。

不仅是出会时跟着杆会出会的村民不要任何报酬，参与表演的杆会会员、会头们更是一分钱报酬没有，不但没报酬，每次出会还给会里捐钱，这完全是出于一种文化的自觉和对杆会的好喜，会里的事情在村民看来就是自己家的事情，家家有份，家家支持，会头李跃全讲：

> 大六分村一千口子人，杆会可以说家家有股，家家有份，家家都支持。有点嘛事，会里有点嘛活儿，都由大伙儿来办。比如盖会房的时候，会里一分钱都没花，大家都是自愿捐款，盖会房的木头是各村的树，盖房的人都是大六分村的村民，一分钱报酬不要。[1]

村民对杆会的扶持和付出，一方面使村民因为杆会而变得十分自信，获得极大的心理自豪感与满足感。尤其是该会1996年去上海参加农民运动会拿了一等奖，每个表演会员都获得了一个金牌，这使他们更能确立起身份认同感，加强了杆会的凝聚力。会员们讲：

> 像咱们这么远去的，而且还是农民队伍。能得金牌不简单啊。而且这个会的特点是有杂技、有体育、有娱乐、有民俗，几项融合在一起。别的花会都比这个简单。其他花会有秧歌，但是没有杂技啊，而且好多还是高难度的动作。[2]

另一方面，杆会从一开始的祈雨习俗，到现在的祈雨、求丰收、保平安等祈愿，是对村民的一种保佑，所以，即便没有报酬，村民也愿意参与。

传统村落的民间花会还涉及到官方在场的主题，融合了传统地方资源与官方意识形态，每次出会都要通过村里才能决定，出会时要由村书记带队，村长主抓杆会，这表明了官方的在场，好多村干部也都扶持这

1.2013年5月14日在大六分村登杆会所对会头李跃全的采访。
2.樱井龙彦：《天津皇会与民间祭祀·艺能组织的调查记录》（内部资料），第196页。

个会，树立起了乡土权威。出会前，大队会用村里的大喇叭广播出会的通知，让村民都知道要出会。此外出会时，出会人员多、车辆多，许多事情需要由村里协调，尤其是杆会的表演节目多，有些动作比较危险，只凭杆会无法解决所有问题，所以，每次出会村里都会专门派人跟会。杆会的发展壮大与各级领导的支持无法分开，在1980年杆会恢复的时候，就是由县文化局丁馆长和二堡乡文化馆的唐馆长，到大六分村找村党支部，希望赶快抢救杆会，再不恢复恐有失传的可能。杆会去上海参加全国农民运动会，由当时的天津市副市长、市农委副主任亲自带队参加，都表明了国家对于杆会的在场和主导力量。

二、会员结构变异与活态传承

　　杆会是大六分村男性村民自发组织而成的一个圣会，大六分村几乎全村的男性都会上杆表演，杆会具有全民性质（女性除外），男性村民都是杆会的传承主体，传承以口传身授为主，传承的核心要素是口头的记忆与身体的技艺，口头代代相传的杆会的由来是小白龙求雨的传说，身体传承杆会的各种表演技艺，完成民俗传统的活态传承，传承人在其中起着决定性的作用。民间花会多是集体传承，个人无法完成表演，参与杆会的表演者都是传承人，由于大六分村参与杆会的人多，所以形成了村民保护传统的文化自觉意识，这是对农耕礼仪、乡村制度的一种传承。杆会既具有团体性，同时又是一个松散的组织，除会头和几位老管事的之外，其他会员都进出自由，随来随练。

　　按照非物质文化遗产名录的规定，每个非遗项目背后应该有相应的代表性传承人，杆会确立的市级代表性传承人是会头李跃全，他虽然现在因为年龄的关系不能登杆表演，但是他对于各种表演动作都能够指导，负责会中的各种事务，现在的民间花会多选择由会头来当代表性传承人。

　　由于登杆圣会对体力有一定要求，一般表演者的年龄都在40岁以下，还有一批十几岁的少年儿童，因此，会员结构呈梯形发展。不过，由于儿童们都是独生子女，为确保孩子们的安全，一般高难度动作不会让孩子们去练习或表演，而且孩子们的课业负担较重，也会影响他们参与登杆圣会的练习和表演。演出中孩子的作用很重要，比如叼鱼时最好叼小孩子，因其体重较轻表演效果就好。小孩子在充当配角的过程中，既可以学习登杆技术，也可以丰富自己的演出经验，对他们今后的发展很有利。

会员们写的传承谱系

　　登杆圣会没有师傅带徒弟以及拜师学艺的规矩，属于集体传承，只要是会里的老人，都可以对练习者进行指导。这种传承的方法有利有弊，有利的一面是集思广益，可以将传统技艺进行广泛的传播；弊端就是没有一种比较牢固的师生关系来制约大家，在传授技艺时缺少一定的约束力，且授艺时较为随意。二三十岁的登杆会员基本功好，一年不练一回，立起杆来就能表演，他们的功夫就在身上呆着，小孩子们仍然处于学习基本功的阶段，需要勤练以逐步提高登杆技巧。大六分村的长辈们对孩子们的基本功练习抓得很紧，教给孩子们收腹、吸气练习各种动作，这些孩子都是百尺竿头的弄潮儿。

　　过去，村民都喜欢去杆会玩，因为没有别的娱乐活动。杆会是一个公共聚集场所，人们既可以在杆会锻炼身体，也可以聊天，吃完饭有百分之八十的村民都会去杆会。但是随着娱乐方式的增多，杆会也不再是唯一的娱乐方式和公共聚集场所，所以，传承人的问题是杆会几位老管事最担忧的问题，他们意识到，如果传承人断档了，杆会的生存就堪忧。传统村落中的非物质文化遗产的传承尤为值得关注，作为传承的主体，传承人的多与少，是民间集体花会传承的关键。传统村落中的"空巢化"现象使许多花会在无形中消失、被解散。

三、特定语境中的民间记忆与表演形式

美国民俗学家、表演理论的代表人物理查德·鲍曼（Richard Bauman，1940— ）认为，民俗并非孤立存在，而是存在于一个个人、社会、政治等相互关联的网络之中。他把语境划分为两个大层面：文化语境（cultural context，理解文化需要了解的信息，主要指意义系统和符号性的相互关系）和社会语境（social context，主要指社会结构和社会互动层面）。在此基础上又进一步划分为六个小层面：意义语境（context of meaning，理解"这意味着什么"需要了解的信息，例如人们的生活方式、信仰和价值观、符号和隐喻关系）；风俗制度语境（institutional context，例如政治、宗教、亲属关系、经济乃至邻里关系、庆典等，主要回答文化各方面如何相互关联、如何相互适应的问题）；交流系统语境（context of communicative system，主要回答"一个文化中的特定民俗形式如何与别的形式相关联"的问题）；社会基础（social base，回答"该民俗关联到何种社会认同的特点"的问题，需要了解的信息包括地域、民族、职业和年龄集团、家庭和社区等）；个人语境（individual context，包括个人生活史、个人讲述资料库的结构和发展等）；情境性语境（situational context，例如交流事件等。事件的结构是由许多情境性因素的相互作用而产生的，其中包括物质环境、参与者的身份和角色、表演的文化背景原则、互动和阐释原则、行动发生的顺序等。这些因素将决定选择什么来表演、表演的策略、新生文本的形态以及特定情境的自身结构）；此外历史语境（historical context）也应该被包括在内。[1]

时间、空间、传承人、受众、表演情境、社会结构、文化传统等不

---

1. 刘晓春：《从"民俗"到语境中的"民俗"》，《民俗研究》，2009年第2期，第8—9页。

同因素共同构成了民俗传承的语境。杆会在近百年的传承中，发生嬗变不可避免。无论是出会仪式、出会时间、受众还是表演动作、表演语境等，都在传承的基础上发生了一定的变迁：

表演动作的变迁。以前的动作有108式，现在很多已经失传，保留下来的多是具有观赏性和老百姓爱看的动作，一些非常难的动作，如拿大顶等已经无人能表演。而且，会员在传统动作的基础上还创新了一些集体动作，如高空登人等。

出会时间的变迁。大六分村的登杆圣会，在时间语境中，年节和农历四月初五是其传承语境的自然时间，杆会会员在这个时间进行表演，观看者在这个时间观看，是自然而然的一种事情。但随着历史的变迁，杆会在传统出会外，还参加许多受政府、商家邀请的出会，在元传承场之外有了更多的展演空间。受政府邀请的出会，少了宗教和传统的蕴含，更多的是一种动作的展演。

出会空间的变迁。空间是一个物理场所，杆会会员表演一般在广场上进行，或者是静海县城年节庙会期间规定的场所，或者是鄮里村药王庙内的广场上。现在，在杆会表演的这两个场所之外，又多了受政府和商家邀请进行表演的空间场所。

传承人是非物质文化遗产的主体，杆会会员的个人生活史、生活环境、个人技艺与性格对于杆会的传承造成一定的影响。在传统村落中，杆会作为一种全民性质的会，具有集体传承的性质，所以，在杆会中代表性传承人对于会的发展与传承起到至关重要的作用。

受众的变迁。受众是杆会的观赏者，受众与杆会能形成一种良好的互动，对于杆会的表演形成一定的影响。"内行看门道，外行看热闹"，许多大六分村及邻村的村民对于杆会的表演技艺十分了解，如果刮风较大，他们就会担心今天的表演是否会顺利，或者有些动作是否能够表演。杆会的老会员们也会根据受众的喜欢程度来决定以后出会的时候多表演哪些节目。比如观众更喜欢看杆会表演的集体节目，如全杆、倒香炉或者高空登人这些动作，这些集体表演的单个动作难度系数不是很大，但是组合起来观众爱看，所以，下次出会表演节目包括受政府邀请出会时，他们会有意识地多安排这样的节目。会头李跃全讲：

> 会员有的在家训练不行，出门表演就特好。出门属于正式会道，在家里，比较随便。一出会，就是正式演出，谁也不能含糊，都有一股邪劲儿，人越多，越有劲儿，表演得越好。每次出会都有人叫好，在杆底下拍瓜儿，老百姓就爱看啊。有的是内行，有的是凑热闹。王口（镇）的人都内行，掏地卜惊险，越是单人的表演动作越惊险，刺激性越大。风大时，耍流星的人很难表演。今天出会遇上五六级的风，王口（镇）的来看会的人就说，"这么大的风行吗，能表演吗"，证明他懂局，人家看的是功夫。人不多的时候，就先让小孩儿们表演，热身的意思，不太精彩；人多的时候再表演精彩的。比如我们倒香炉吧，一上杆，十几个人一站姿势特别好看，人们都爱看。其实它不需要用力，不如那个脚转旗难。所以，人们现在不太爱看费劲的了，爱看惊险、刺激、热闹的节目。杆会的动作精彩、刺激、惊险，群众爱看。每年正月十五到静海县踩街表演，看的人特别多，就等着看这个杆会。百看不厌，总看不烦。节目单到时候可以根据现场的情况临时调换。反正人都已经到位了，一级战备。有大型的活动，所有演员必须面对主席台鞠躬，对领导尊重。[1]

通过会头的讲述，足见受众在整个表演语境中的重要性。表演不是单纯的表演，而是会根据表演的时间、空间、受众等情况作一些调整，

1.2013年5月14日在大六分村登杆会所对会头李跃全的采访。

尤其是在主席台有领导的时候，会头李跃全还要求全体演员面对主席台鞠躬，以示尊重。

表演情境一般较为重视表演的"自然语境"，如杆会在传统出会时间、传统出会地点、面对传统的受众群体而进行的表演，就是在一种自然语境中的表演。这种表演往往蕴含着更多的社会结构、文化传统以及村落历史。

传统村落召集群众时，是通过村里广播将出会通知播放出来，村民们就自愿来村民委员会集合。不过，近年来，村民们的生活发生较大变化，有的在县城上班，那么联络村民时光靠广播就不行了，还要配合手机、网络等现代通讯工具。在社会转型期，传统文化与现代文化之间的冲突和融合也是一个新的问题。登杆圣会的动作都有一些乡土气息浓郁的称谓，有时为了适应官方的需要也会有所改动，如在上海演出时主办单位就将"挂腿肚子"改成"水中捞月"，表面上看是为了突出演出时的艺术效果，实则是传统性与现代性一次小小的交锋。传统性的称谓更具有地域文化风格，而现代性的称谓则更适应大众文化传播的需要。

民间美学与社会精英审美的双重标准，怎样才能在登杆圣会的表演动作中实现对立统一，应该说是一个崭新的课题。据村中老人讲，有一回天津电视台的《四季风》节目来采访，还点了一些柴火堆，放在村里的广场上，营造一种烟雾升起后腾云驾雾、飘飘欲飞的情境，会员就在烟雾中进行登杆表演，好像更符合一种求雨的神话意涵，会员们对这种创新感到很有意思。据村中老人讲，天津市杂技团曾到大六分村来为登杆圣会设计新的舞美动作，至于这种改革创新是否成功，还要假以时日才能看到成效。

四、经济来源的变迁

解放前，大六分村比较穷，属于佃户村，所以任何一个人都无法组织起来杆会。在历史上，大六分村有"吃会"这个说法，就是村中的富裕户在出会前杀猪、宰羊请全村村民吃饭，出会的费用也主要由这些富裕户来承担。所以，登杆圣会初期经济来源虽然比较困难，但是多由村民自愿自发支持，大户人家轮流出钱，贫穷人家出人力，形成了杆会的集体性和团结性。也正是村民的这种扶持，反过来强化了人们对于会的集体保护意识，认为会和自身紧密相关。富裕户作为乡村的富绅阶层，更愿意通过赞助杆会来获得个人声望和社会权威，而较为底层的村民则通过出力来祈求日常生活的平安，他们在杆会中找到了一个结合点，反过来也作用于杆会，使杆会的存在方式更具有一种稳定性，既不缺钱也不缺人。

会里的账簿

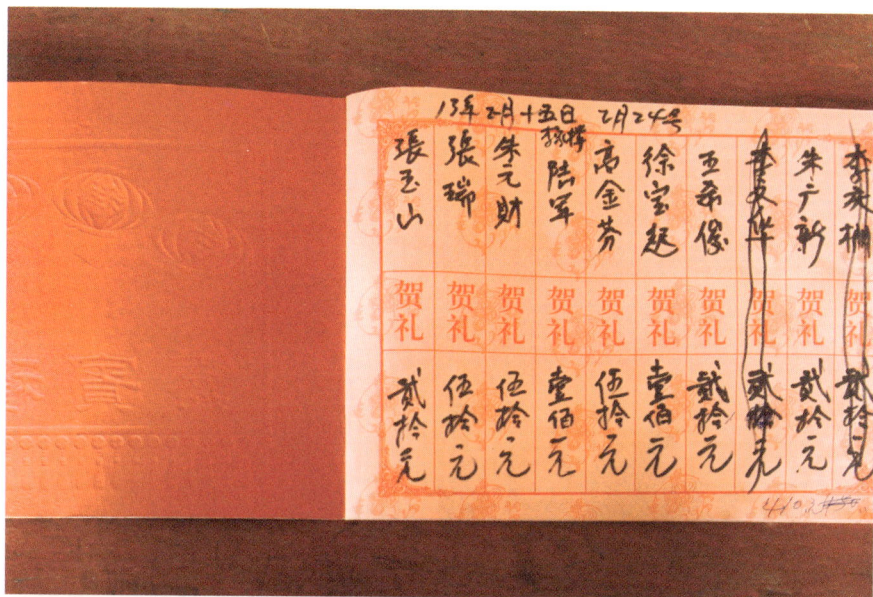

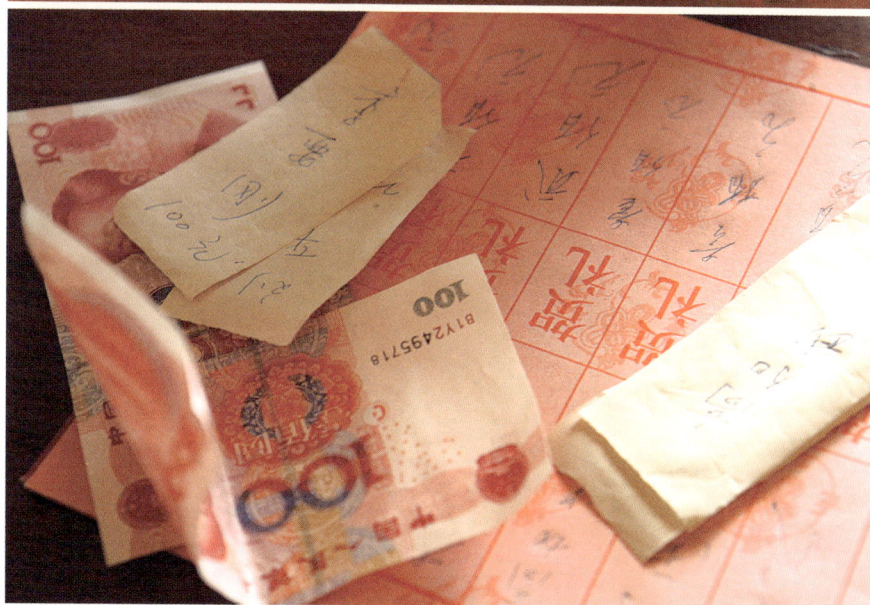

账簿上每一笔支出都有详细记录

出会当天人们的捐款

现在杆会主要的经济来源一部分是信众初一、十五给药王坛祭拜的香火钱，一部分是出会时村民的自愿捐款，此外村里以及县里每年都会给一部分资金支持，受邀出会时邀请方也会给一笔钱。这些钱完全能够支付杆会日常添置、维修服装道具以及出会的费用。村书记强兆庆说：

> 村民每逢初一、十五来这儿烧点香，烧点黄钱纸，他们拿香烧纸不花钱，供奉一下药王。他们祭拜完后会搁点钱，多少不限，三元五元都行。这个钱干嘛用呢？用来扶持这个杆会。每年过中秋节，过春节，每家每户都会给会里钱，有的就多给点，没有的就少给点，多的有给三百、五百、千八百的，主要是保一家平安吧，这是一种信仰，大家伙都是自愿交钱。钱的去向，主要是对房屋的维修，对演出服装的更换，鼓啊钹的更换，而且还不够，村里还得搭点。[1]

演员一分钱报酬不要，出会时仅仅是雇车花个油钱，村里有车的人为会里出车，也是一分钱不要。所以，杆会只要不出远门，开支就不大。杆会出一次会得花一千多块钱，会里花一分钱，记一分账。去天津市里受邀出会，邀请方给会员一人50元生活费。有时候，邀请方会规定杆会出会的人数，2012年杆会去庄王府表演，人数限定60人，每人给50块钱，但是杆会去了80人。所以，就算没钱，会员也都乐意跟着，这是村里的圣会，都是无私奉献，会头不让谁去都不行。

1.2013年5月13日在大六分村对村书记强兆庆的采访。

第六章

传承人口述

一、杆会会头李跃全

我叫李跃全，今年57岁，汉族，是大六分村土生土长的人。李姓在大六分村是个很大的姓，有100多口人，是个大家族，我是这个家族的第六代。我的宗教信仰就是这个杆会，信药王孙思邈。我的老祖都是山西洪洞县人，村里有四个大队，我是三大队的人。

我小时候生活困难，没上过学，十几岁就参加劳动了。当时穷啊，

会头李跃全

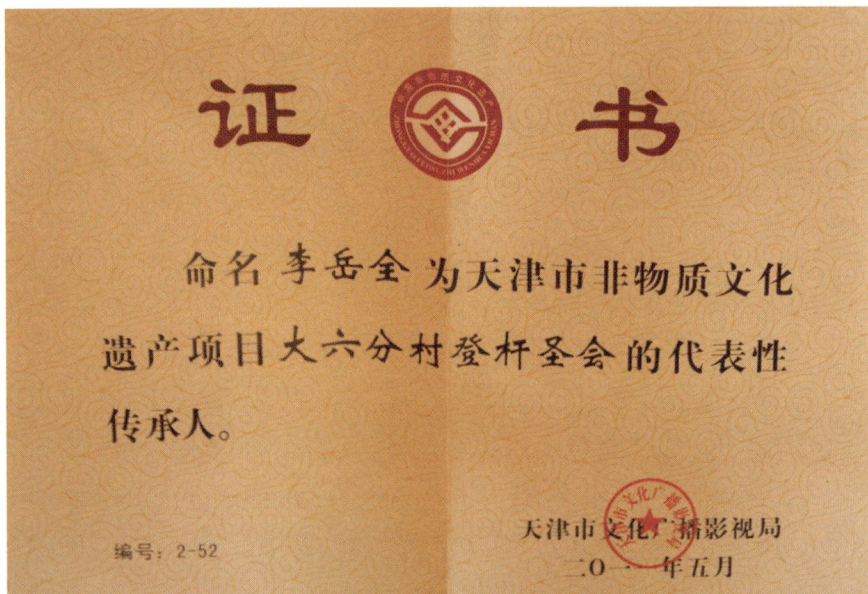

证　书

命名 李岳全 为天津市非物质文化
遗产项目大六分村登杆圣会的代表性
传承人。

编号：2-52

天津市文化广播影视局
二〇一一年五月

代表性传承人证书（李跃全在户口本上的名字为"李岳全"）

李跃全还是社会体育指导员

你不干活，不挣工分，就没饭吃，所以干活干得早，没文化，不认字。我干建筑，就是到外地或者在本村给别人盖房子，村里的人基本百分之九十以上都在这个村子里（工作），打工也是当前儿来，当前儿去。

1981年恢复杆会，我当时在会里面是个学员，后来等于是会头们选中我，帮助老会头管点事，老会头没有了，这些个事我就管了，一直到现在。杨会头走了12年，我也管了12年，要是没病没灾的，我就一直管下去了，管到死。管会用不着任何报酬，无论是爬杆的会员还是管事的都是无私奉献。我是恢复后的第三代会头，第一代会头是于保发、吴振德，第二代会头是杨佐新，第三代是我。我前年在市里体育学院培训了三天，台头镇选我去的。

我有两个女儿，大女儿出门子了，二女儿还在上学，基本没嘛负担。我父母都没有了，大哥在静海，弟弟和我一起过，侄儿也好喜这个。我当会头之前也表演，主要是表演登鸭、掐鸭、趴鸭、卖烂肉、倒香炉这些动作。我是打1981年杆会恢复重新成立的时候学的，当时我的教练是于保发、吴振德，他们既是会头又是教练。他们解放前就开始练了，恢复后，他们当了教练。我没有艺名，年纪大了就不如小的时候好学，白天干活，晚上回来练，起早练，后晌练，当时的会头比现在严，光登个鸭不让你正式上杆表演。

杆会的资金来源主要是初一、十五来烧香祭拜的人所捐的香资钱，出会的时候政府也给一部分资助，相当于车费。我们去上海那次，主要是国家代付了钱，去了20多天，管吃管住，报销来回的费用，但是人员一分钱报酬都没有，都是义务的。

杆会的传承方式也可以说是师徒传承，但是没有具体地说谁教谁，主要是村里的男孩子只要感兴趣就可以来会所里练，老会员看着哪个孩子行，就重点培养哪个，十个里面能出来几个。在杆会里学习没有拜师仪式，也没有收徒仪式，不学徒也可以在屋里磕头祭拜药王。进入杆会要先练基本功，在单杠上练习登鸭，然后在练习杆上练爬杆。一般来说，可以上大杆表演节目了，就是出师了，只要认真地练习3个月就差不多了。练上一年，就可以表演耍流星这些比较难的动作了。

只要爱好杆会，不怕吃苦，不怕受累，不怕胳膊腿疼，就能练好；怕费劲，什么也练不好。练的时候，浑身疼，最厉害的是肚皮疼得厉害，因为老憋气啊。什么时候都练熟了，练得身上不疼了，就是练好了，随时随地都可以上杆。所以杆会讲究从小抓起，好练点，学出功夫来还扎实点。只能学一样，一点点学，你登不了鸭，其他动作没法学，你爬不了杆，就更不用提其他动作，就得先从单杠和爬杆练起，只有这两手可以了，才可以学别的。这两样学不会，哪个也学不了。传承主要是靠口传身授传承。只要你行，外村的人也能来练。解放前，会里就有六堡村的人，并不是个封闭的会，技艺不害怕外传，邻村都可以来这里学，强身健体，对人有好处。我们后来在传统的基础上自创的动作有高空登人、三猿竞技、水中捞月，动作全都和小白龙有关系。

会头就是传承人，一代一代地传，干一二十年，换会头了，新会头就是传承人，我代表的是这个集体。得看谁行，才能当会头。谁能当会头，由我们几个老人，还有活着的老会员们一起商量，认为谁行才可以，还得让他干一阶段，才知道他行不行。我在会里没有经济收入，还是赔钱的，我搭了好多功夫，没有一分报酬，我不要报酬，我够吃够花，没儿子，用不着盖房娶媳妇，我现在挺松心，家庭负担没有。

杆会的保护神是药王，当时救了好多老百姓，百姓拥护他，为了纪念他，盖的庙和坛，形成了药王庙。

每年大年三十黑夜，我要在会所呆一晚上，几个老人轮流看护，平常就不用晚上在这儿呆着了。正月里白天必须有人，天天开门，有会员在这里训练，邻村的会还来表演。我们几个会里的老人还要商量商量请会，请歌舞，请戏，也请大型的花会，在大队前面的广场表演，咱们有时候不表演，有时候表演，这些会都是杆会请的。

管会得找耿直的人才行，眼皮子浅的人不行，管不了会。这玩意儿花一分就是一分，花一百就是一百。目前，会里的传承情况挺好，原来叮吗的小孩儿少，光看大人没意思，有点断档，这两年发展了十几个十来岁的孩子进行表演，已经不担心人员问题了。现在村里没有拆迁的计划，也没有通过其他的方式来培养传承人，主要还是传统的方式，基本上都是本村的男性村民。

出会的时候，一个人要表演好几个节目，角色没有截然之分，这个人刚在杆上表演了一个节目下来，下一个节目还得上。耍流星是一个人玩，别人代替不了。剩下的节目，如果这个人不在，可以找别的人代替。现在耍流星的人20多岁，年龄正好，他玩不了了，小的孩子长大了，正好可以玩流星。撑杆的和敲钹的，没有固定人选，始终有人。今天出会武场来了20人，这20人就敲鼓、敲钹；下次出会，武场换成了别的人，他们也照样可以表演。敲钹不行的，可以撑杆。哪回出会，人员都够用。登杆的人必须固定，买的服装也是演员穿，演出完以后，服装要退还到会里，下次出会的时候再穿。

杆会要说技术最全面的就是张亭玉，他今年32岁，杆上所有的动作他都会，没有他拿不出来的。做的动作规范，观众爱看，不拖泥带水，干净利索。要说耍的精的，那得属李同喜，今年21岁，他表演金龙缠玉柱，没有比他表演得精的了。杆会没有师傅和徒弟之说，属于集体传承。老的会员都可以培养年轻一代的人，老会员看着年轻的会员练习，就会指点，"你哪儿哪儿做得不对，你再练一次，我告诉你"，形成了这么一种集体传授和集体培养的习惯。

叼鱼对牙和嘴有要求，牙必须有力，登鸭要求腰有力。今天（四月初五）出会，有9个小孩，叼鱼就完成了，如果没有这几个小孩，光是大人，也能叼，钓小孩儿省点劲儿。今天出会风大，耍流星的人就在杆圈上蹲了老半天，脚扣住杆圈，手把住杆圈，稳住了，才能够耍流星，人要随着杆的摆动而摆动，杆怎么摆，人随着摆，人随着杆摆，而不是杆随着人摆。原来朱金锁耍流星的时候，杆可以摆到45度，下面看的人都害怕。杆信子上有松香，爬到上面可以抹一下，防滑。小孩子们杆上的经验不足，什么时候登杆的人和杆成为一体了，做什么动作才都可以，任何危险也不会有。这是个功夫，靠谁教也不行，全凭感觉。

杆会事故出过，但是没伤过人。有一年，会上有个老会头，表演时这个绳应该系死了，下面的人下来后，能够拉住这个人，可是当时这个绳子没有系紧，就把小孩儿拽（zhuài）到马路上了，大夫过来看，没事。这个小孩儿起来拍了拍脑瓜，继续上杆。现在这个小孩儿已经四十好几了，是两个孩子的父亲了，他挨的摔最多了，因为当时会刚恢复，属他小，哪个节目都有他，累得他哭，实在是没劲儿了爬不上去，大人们拴着带子背着他到杆上去，叼鱼的人再叼他。这个小孩儿叫刘印曾，在上海出会时，他表演掐鸭转，可以转10圈，表演的时候，当时穿的是肥腿的裤子，裤脚一下子缠到杆信子上了，下不来了，有个人爬上去，把他倒回去，才下来。

这个会风气正，不管这个人在外面怎样，在会里相当规矩，再想随便就不行。凡是出会，必须要这个杆，换个新杆，会员不愿意，用这个老杆，放心，觉得出不了事。

杆会的动作很多，主要有：

双登鸭，是头冲着不同的方向平行表演登鸭，蹬出来以后必须水平，如果功夫不到，蹬出来不是水平的。

双人指路，要求手扣住杆圈，全凭脚尖的力气，脚尖蹬住杆，底下还挂着小孩，用叼鱼绳子叼小孩。

脚转旗，脚上拴脚扣，拴到杆圈上，他背着小孩儿，小孩儿骑在他身上，他手一扔，小孩从他背上下来，同时，嘴里用叼鱼绳叼着这个小孩，然后就是收式。

顺杆子鸭，是顺着杆信子的，和杆信子平行，两只手握住杆信子。

水中捞月，是最上面的人挂着腿肚子，中间的人的腿挂在上面的人的胳膊上，下面再拉着一个人。

驴打滚，脚扣拴着杆圈，手固定死，下头是个小孩，用个长带子提溜上去，再提溜下来，登个鸭，再叼个鱼就行了。

耍流星，耍流星的人手里拿着流星，先是蹲在杆圈上，然后站在杆圈上表演，之后再转圈拜四方表演。

童子拜佛，挂脚面加上拜佛，小孩儿双手合十。

拜四方，是耍流星的时候转圈。

全杆，集体表演不同的动作，也是最后一个表演的动作，最少6个人表演。

三猿竞技，是三个小孩的组合，最上面是卧鱼儿的，中间是登鸭的，下面是粘糖人的。

高空登人，靠腿和腿别住，这边小孩儿登鸭，那边是钓鱼。

夹鸡，身体放平，这个是个功夫。

其他还有挂脚面、挂脚后跟、挂脚尖、挂后脑勺、掏地卜这些动作，挂单耳就是挂手，看哪个手有劲儿，就挂哪个。掏地卜现在叫金龙缠玉柱了，在登鸭的基础上，俩腿的角度来回倒换，实际上是靠一只胳膊的臂力，这个手掏，那个手就得撒开。

还有好多组合动作。

卖烂肉，最上面的人腰里拴着一个套，挂在杆信子上面，所有的人都靠他的力量，一共6个人，底下仨，上面仨，最上面的人挂单腿，下面还叼鱼，看着哩哩啦啦像一串肉，这都是过去老人们取的名字。

有的组合动作最上面的人在杆圈上卧鱼儿，下面是双登鸭，然后是两个粘糖人，卧鱼儿的人侧身躺在杆圈上，手里还有姿势，一个手支撑头部，根据卧佛而来。粘糖人，是胳膊和腿都离开了，好像站起来一样，靠腋下夹紧杆。

扛杆，这个非常有难度，用两个胳膊扛住杆信子，还得大头冲下下来，下杆的时候，下到杆绳那儿，就转身下来站住，这个动作现在没人会表演了。

杆会有108个动作，其中，光"鸭"就有十几个：仰鸭、掐鸭、登鸭、皮条鸭、大拇指头鸭等，拇指鸭不是用手，而是用大拇指挂着杆信子。皮条鸭就是用两个带子，从上面下来后，登个鸭，相当费劲。这些动作任意组合，现在我们失传的是单人倒立，拿我们的行话说是上大顶，没有人练它了，除了这个，咱都有。也许玩着玩着，这个落下了，明年又拾起来了。有的时候需要错车，下杆的人和上杆的人同时表演，是为了节省时间，多表演节目。

我拿令旗指挥，令旗敲杆一下，是预备；敲两下，为出式；表演好了，敲三下，为收式。表演的时候，告诉他挺胸收肚憋气。

练习的时候排队练，谁头一个表演登鸭，数秒计数，锻炼忍耐力和臂力，要求不喘气，一喘气就表演不了。还要到外面爬杆练习，做点动作，要腿劲，练基本功。以前会所有个人表演，还能在登鸭的时候抽烟，他把烟抽完了才下来。

杆会的动作都是绝活儿，最厉害的绝活儿是上杆，光着脚爬杆。爬杆的时候先练那个矮点的，靠臂力和腿力。手拿不住，脚就上不去。现在爬杆，脚上出汗，好爬。冬天不好爬，杆特别滑，容易往下出溜。尤其是再刮点小风，鞋脱了，还没爬呢，就冰凉了，脚没点湿气，吐点唾沫擦擦再爬，越往上越好爬，因为上面的杆细。

出会时，要用大锣开道，去哪儿出会都要开道，别的都得避让，乱七八糟的都得让道。铜锣是80公分，鼓是1米的鼓，以前的鼓是80公分，不用的鼓要挂起来，不潮，一反潮就不响了，还得用布盖上，因为鼓怕尘土。头锣开道，之后是两杆大会旗，后面是杆，杆后面是鼓和钹，鼓是催阵的。没有鼓谱，必须按鼓点敲，鼓的点是"登登楞登齐个楞登登登楞登齐个楞登、登登楞登齐个楞登、登登楞登齐个楞登"，来回敲这几个点，就是催阵鼓。一个点一个点地紧，让爬杆的人快点爬。耍流星的时候，还没正式表演，要闷点，看他表演了，他越耍得劲头大，越是要敲得紧。今天表演的流星，风大，在杆圈上呆得时间长，就不能催他，一开始表演，就可以催他了。流星耍单的不用催，耍双的可以催。倒香炉不能催，道具得拴。动作快的，鼓也快。登杆的人做危险动作时，人们看着惊奇，鼓就"咣"敲一下，大家都觉着惊奇，人下来后，再起点敲鼓。会里以前有个人称"铁脚面"，人应该握紧杆信子，可是却松了手，一下子用脚面挂着了，就没事。

表演的器具主要是杆，别的没有，武场有点道具，文物就是这个杆。全神图不是老的，"文革"的时候给抄走了，恢复会以后现画的。老的就是这个杆，杆墩都糟践了，用铁条给固定起来了，插杆的时候，杆墩上的铜钱要和杆信子对应，这样可以让杆立得稳一些。

二、大六分村书记强兆庆

村书记强兆庆

我叫强兆庆，1954年出生，今年60岁。我1974年当生产队长，在村里当了两年村主任，后来又当书记到现在，干了40年了。

大六分村约有300年的历史，原来在河套里住着，两洼都是水，北边是东淀洼，南边是贾口洼，西有西淀洼，东淀洼出藕，水下去，有了地了，就有许多移民过来种地，形成了一堡、二堡……一直到十一堡。唯独我们这儿叫大六分村，这里十年九涝，不是下雨下涝的，是水放过来的，村里种棉花、西瓜、玉米，打个时间差。它是九河下梢，地势比较洼。过去拿水占着了，偶尔有一年，没有水的时候有了陆地，人们需要种地，人都是从周围历史比较悠久的村迁移过来的，按最老的说法，来了六户人家，老张家，老刘家，老李家，老朱家……一家一条地，分成六大份，这是最古老的说法。

到了民国期间，咱这个地方，一个村划分到两个县，东边归河北省静海县，村西归大城县。有界碑，大城占六，静海占四，也叫大六分，这是第二种说法。这个说法比较现实。在民国的时候抓壮丁，人们也沾这个光。在大城县抓兵，就站在静海县那边，他就不敢抓；在静海县抓兵，就到大城县站着，也不敢抓。当时人们没那么高的素质，没有文人，历史上关于大六分村的来历没有详细的记载。

大六分村是普通的村，在天津市的西南方向，在静海县西北方向，有384户人家、1183口人，土地有3200亩，村里有五家私营小食品企业，主要经营绿豆糕、锅巴、月饼、萨其玛和绿豆饼。附近还有好多私人企业，像电子元件厂、丝绸针织厂，村民的收入比较高。妇女打工出去每个月赚三千元，男的赚三四千，一年弄几万块钱，百分之九十的人都是当天下班，静海就有企业，不去外头，在静海县城打工，早上去，晚上回，长期在外打工的太少。现在村民不以种地为主要经济来源，种大棚的有一部分，相比来说不太多。大六分村有大六分村中心小学，别的村的孩子还上我们村来上学，政府扶持自己盖的三层楼的学校，这是达标校，房屋和设备投入共五六百万。

这个村在日本侵略中国期间，有中国共产党，第一个进村做工作的地下党员叫张子微，是中国共产党第一个进入静海的地下党员，当时是教书先生，以教书为掩护，为地下党工作。当时咱村学校建得最早，教私塾啊，谁上学就给他点粮食，当时，村里条件好的念私塾，条件次的念个"冬三月"，念《百家姓》《三字经》啊，学点那个，这个人最后死在日本人手里了，他的儿子们也是中共党员，咱静海县革命的第一家。

这个村的人都是从别的村迁过来的，都是种地的，各方面的历史都没有详细的记载，村的历史和杆会都没有文字性的东西。于保发和吴振德在解放前是养杆会的老人们，而且当过会头。杆会的历史就靠一代代往下传。我爷爷活了110多岁，去世将近40来年了，他的爷爷那时就有杆会，一村的老百姓在维持，比较富的户拿物资出来，条件不好的出点力，给点粮食给点钱。

杆会的全名是静海县大六分村登杆圣会，会名没变过。女的不让摸会里的杆，当地人除了不懂事的或新来的，一般都知道这个规矩，平日会所里也有人负责盯着，出会的时候也有人看着。

杆的由来，有说是闹水从子牙河冲来的，有说是小白龙的化身，这些都是神话传说。杆的材质相当好，壁厚骨节短，我认为，它是特殊材料，应该长在阴山背后，生长期长，长了得有二三十年。现在踅摸这个材质的东西相当难，我和四川也联系了，让他们给我找30年以上的竹子，不必要多粗，要生长时间长的，准备做几个新杆，这个老杆没有特殊情况就不让它出会了，容易风化受损，应该把它保护起来，它现在可是杆会的文物。杆会传承到现在已经200多年了，还要传下去，要保护好这个老的东西，这是我们做村干部的和做老百姓的自觉的一种传承，也感谢你们对我们杆会的关心、宣传，这都是对我们杆会的一种记载。

1963年闹水的时候，洪水一天一宿就把河堤平了槽，我二伯家有两间东厢房，一个四合套院，河开了口子，我正在那院里，那年虚岁10岁，水都到了膝盖。咱不说迷信，正房上头是坏房，底下是十一层砖，那水一家伙将那间房直接冲到河里去了，而搁着杆的是东厢房，水都过了砖垛了，它都没倒，这是我亲身经历的。我分析，为嘛这两间房不倒，就因为它搁着这个神杆。后来，"文化大革命"的时候，"破四旧"，破除迷信，生产队要盖牲口房，没房檩，就用神杆当房檩，搁了10来年吧，后来1981年要恢复会了，才把杆取下来放在会所里。我1981年开始练，练了一二年。在解放以前，现在能回忆起来的有记载的杆会出会是民国初期，曹锟在小站养病，杆会去给曹锟演出过。

大六分村供药王孙思邈，这个地方我们叫"坛"，就一个字。据说药王来过这里，给人们治过病。据老人们说，药王来这边的时候，他带着水，水里有长虫。一有杆会就有坛，那个盛杆的会址就是坛的老地址，坏了修一修。大伙往坛里搁点钱，多少不限，三元、五元都行。这个钱干嘛用呢？烧香的人在坛里拿香不花钱，烧纸不花钱，剩下的钱扶持这个杆会。每年过中秋节、春节，每家每户有的多给点，有的少给点，保一家平安吧，这是一种信仰，自愿交钱。钱的去向，主要是对房屋的维修、演出服装的更换、鼓和钹的更换，这点钱还不够，村里还得给杆会搭点钱。

我们就过农历四月初五的庙会，药王庙庙会是四月初五，村里的人啊，有钱的宰猪宰羊请人吃饭，有钱的出钱力，没钱的出人力扛杆搭下手。四月初五是正日子，过去交通不方便，我们出会要先到王口，从子牙河里乘船，拿纤拉到王口，王口有一位有钱的大家主儿，是我们村一位姓杨的，在街面上住，人家招待吃喝住，一下子牙河，开始演着走，有买卖的拦着给钱，扛着杆走到鄞里庙。鄞里庙1954年发大水倒了，1992年才重修这个庙，刚恢复这个庙的时候，我们去出会，还不让我们表演，杆都到了，最后都没卸车，逛逛庙会就回村了。

大六分村的姓比较杂，有二三十个姓，1000来口人，比较大的姓有李姓，有110人，占十分之一；刘姓，90多口人，也将近占十分之一。大六分村有5个李姓家族，李跃全的李姓家族是大家族。咱村都是汉族，没有一个少数民族，风俗习惯都差不多。台头镇有18个村，子牙河这一溜村，6000来口人，咱村占五分之一。附近的村子都有花会，如姜家场村有少林会，咱村的杆会，三堡的音乐会，到二堡的秧歌会，一共有六七道会。现在还可以拉出来演出的最多不过三个会了，咱这个杆会历史悠久，比较正气。

杆会和其他会的交往主要是在过春节时，会头带着会里的老人去下请帖，他们过来演出，也不吃饭，就喝点水，有的时候多少给点钱。互相扶持一下，因为这不是营业性质的。咱们出去不要钱，不谈价，不以经济利益出现。有多大的庆典，我们都必须参加，1996年去上海参加第三届农运会，天津市去了108人，光我们村的杆会就去了35个人。就给我们8分钟的演出时间，这杆还没立起来，小孩子提前在杆上和杆一起立起来了。

杆信子上有个布袋，装的是防滑的松香粉，爬杆的时候出汗容易滑，那粉涩，抹上以后好爬杆。杆怎么固定，老人有老人的办法，杆有杆墩子，还有绳子，既便于挪动，绳又可以保护人，如果人掉下来都掉到绳子上，绳子拉起来形成一个不到1米的圈，至少80厘米，上面掉下来掉到这个圈上。也有掉到地上的，人在高处，没有任何安全措施，这都是因为有一种信仰，有寄托，相信摔不坏，摔破了用香灰抹抹，还往上爬。杆会曾经出会表演叼鱼，叼的是亲哥俩，他们的父亲就在下面看着说："别都给我掉下来，给我留一个"。杆立起来以后会晃，耍流星的人在杆圈上不容易站稳，要自身保持平衡。这是人们锻炼出来的本事，登杆的人要：一眼不晕，二平衡能力强。并不是所有大六分村的男的都能表演，十个里不一定有一个能练成的。会里有的小孩七八岁就能表演，但一般都是配角，表演基本的动作，二三十岁才表演叼鱼、脚转旗和耍流星这些难的动作。再上了年纪就给会里做服务工作，抬杆或者撑杆，一辈辈接下来。训练主要是过年时训练，小孩子们放寒假了，老人们在会房给点上炉子，李会长给训练，刮大风零下多少度，也得光着脚练。

杆会没有固定的会员，只要出会时跟着去就是会员，不跟着去就不是会员。一代一代的传承，会里老人们多，主要是在会里服务，没有报酬，操心费力，冬天给会房生炉子，自打杆会20世纪80年代初恢复，就一直在会里。登杆会员都是业余时间爬杆和练习，练习叼鱼，就是嘴里拿根绳子叼小孩。曾经有一个外村的人在杆会，后来出点事，就没再在会上呆着。不能登杆的人做服务，主要是撑杆、敲鼓，敲锣、举旗子的，百分之八十都会。出会时不会表演的也去，干力所能及的事。由老人们举着八个小旗，这是护杆旗，现在已经取消了，只有两个大门旗。演出一次，最少需要30人。登杆的10人，撑杆的10人，敲鼓、敲钹的10人；有的时候，一个人要干好多事，敲鼓的上去就爬杆，爬杆的下来就敲鼓。

三、杆会会员贾立祥

我叫贾立祥，今年64岁了，是大六分村二队的人，打东边排，是第一队。我现在还有十几亩地，种玉米。现在不种小麦了，因为没有水。原来咱这里是产麦区，讲究"一麦一水"，麦子种上收割后，这里南洼、北洼就都是水了，等水退了，再种上小麦。我们生产队被称为"馒头公社"，别的村没有小麦，吃棒子面，咱的村吃馒头，后来根治海河以后，没水了，就种玉米了。

关于这个会，有两种传说：一种传说，杆是小白龙的化身；一种传说杆是从子牙河流下来的，流到这里靠岸后，咱给捞上来的。我更信后一种传说，因为它有一定的依据。我爷爷活着的时候就讲是从子牙河流下来的，我爷爷还是听他爷爷讲的。杆会没有详细的历史记载，据说乾隆时期就有这个会了。这个杆有一定的灵性，已经有二三百年的历史，

会员贾立祥

就是铁棍，它也已经烂了，可这杆依然保存得特别好。

杆刚漂来的时候，当时村民自愿盖了两间会房，用从河里挖泥做成的土坯盖的房，人们就把杆放里边烧香磕头。但是这杆也受过委屈，在"文化大革命"的时候，当过生产队的牲口棚的房檩，这好像是对神杆的一种亵渎，现在保存得好了。子牙河和咱们村关系太密切，原来没机井的时候，就喝子牙河的水。出门坐船，从天津市里到大城，有火轮。咱上鄚里上药王庙去，也坐船，并且因为是逆流，得拉两天，一天拉不到。地里旱了，要用子牙河的水灌溉，人们吃水完全靠子牙河，不靠子牙河，得到八几年了。

20世纪80年代初这个会复活，我当时在干副业，有个厂子，没在会里。会里盖会房缺东西，我当时就捐了点钱，缺嘛去找我，我能够给解决一点儿。时间长了，我也好喜这个，副业不干了，我就上这里来了。帮着会头，原来帮着杨会头，后来帮着现在的李会头（李跃全），教教小孩儿们。会里头写个材料什么的，都由我写，因为村里头有文化的不多，申请非遗的材料大部分是村里和县文化馆写的。我是老三届，认点字。我从1984年到这个会里，也培养了两三批新演员。在会上，不能有一丝一毫索取的心愿，要是有这个心，你就干不了。比如今天出会，出会的会员请一天假，最少少赚150块钱，而且什么收入也没有，这是会的传统，从一开始，就没有索取。现在我60多岁了，也没别的事情了，家里有五口人，我和老伴，还有儿子、儿媳妇、孙子，也吃上劳保了，没什么负担，再在会里干就踏实了，没一点别的杂念。从心眼里说，从申请市级"非遗"的时候我就想，争取在咱这一任，办成全国"非遗"，这是个心愿。我就想着，把这批会员培养得棒棒的，等咱不行了，还有接班的人，咱没把这个会弄散。按现在这种形势，这个会不如原来好弄，原来在生产队的时候，来会里可以给记工分，现在不行，耽误一天工作就少赚一天的钱，所以，就更得把这会给维持住了。现在会里的这十几个小孩，也得挨家串户地说服，咱不是为了把这会维持住吗？现在会里发展得挺好，有这么十几个小孩，传承的问题不大，五年、十年以内，断不了档，以后的事就再说吧。我开始可以表演几个节目，后来体格不好血压高，上不去了。我的孙子就在会上，我鼓励他表演，不但我鼓励，他爹妈也鼓励。杆会虽然看着动作挺惊险，其实挺安全的，自古以来，没有出过大的事故。我孙子今年9岁，去年开始练的。放了学就来会所练习，这十几个小孩儿都在村子里的小学上学。

《台头镇志》上写的我们会来源于西汉时期的"猕猴缘杆"，这是因为原来不知道咱们会的，一看杆会，就说这是猴爬杆。

现在村里也有一些求雨的习俗，要是旱得太厉害的时候，就把杆扛出去，立起来以后，敲鼓、敲钹，一般的时候都灵验，敲完以后一两天，一般都会下点雨，可以爬杆也可以不爬杆。还要烧香，磕头，咱这儿供着黑蟒爷、白蟒爷，向他们祈求祷告下点雨。黑蟒爷白蟒爷是保护药王的，咱供的是药王，实际，白蟒爷就是小白龙。会里的杆和求雨习俗有关系，相传小白龙为了给村民求雨，累死了，他的骨节烂了以后就一节一节掉下来，老人们就拿这些骨节做的杆，为嘛咱的会叫龙杆呢，就是因为这是用小白龙的骨节做成的。每年四月份干旱得太厉害的情况下，就求雨。四月庙（鄚里的药王庙）前后求雨，因为这个季节过去，不下雨就没法播种了。以前干旱的情况也不是太多，周围四邻八乡的人在干旱的时候，都来我们会上，就说："不行咱敲敲吧，求求雨吧。"他就来求我们，我们求雨的时候，附近村子的人也来烧香磕头，一般都会下点。

这个村以前属于佃户村，比较穷，任何人组织会也组织不起来，村里有钱的就这么几家。过去去哪里都用船拉着去，所以，就是有钱人家轮流着，今年你组织，明年我组织，解放以后这种形式就没有了。市里和县里给一部分补贴，演员也不要报酬，出会的时候就是雇车花个油钱，村里有车的人出车人家也不要钱，都是出于自愿，大伙儿心齐，所以说只要不出远门就花销不大。

杆会既属于武术也属于杂技，还有民俗，几项融合在一起，春节前后大家都在这门口练，能强身健体，这个会不是个专业的会，除了女的，从10来岁的小孩到80来岁的老人都可以来，是一个全村性质的会，只要出会了，一敲鼓，在大队的喇叭里一广播，好多人就来了，没有专业演员，谁演得好，谁就出会，所以我们这些玩会的人都没有报酬。会员没有实际名额，出一次会最少得30几个人，在没限制的情况下，每年正月十五去静海出会最少100人，每年一去都是三趟车满满的，村民把入会看成是好事和荣耀的事，对家庭有好处。杆会没有严格的会规，因为这个会是个自愿的会，比如今天要出会，可是你有事去不了，你不去了可以找别人代替你。平常召集的时候就敲鼓，大鼓一敲人就都到了，用不着扯嗓子喊。

附录一

大六分村登杆圣会传承谱系
（20世纪80代恢复以后）

第一代　会头：于保发、吴振德

　　　　鼓头：寇中贵

　　　　教练：张志奎、刘凤山等老辈会员

第二代　会头：杨佐新、李跃全、贾立祥

　　　　鼓头：杨文群、刘凤安

第三代　会头：李跃全、刘凤安、贾立祥、刘凤亭等

　　　　鼓头：杨文群、刘凤安等

附录二
大六分村登杆圣会器具遗存

　　神杆：也称龙杆，已有200多年的历史，从该会成立起，就有此杆，相传为小白龙为村民求雨献身后骨节的化身；还相传是从子牙河漂流而来。此杆的材质为竹，底部粗，顶部细，分杆墩、杆身、杆圈和杆信子四部分，杆身原来有8米长，因为底部腐坏，裁掉一部分后现长6.8米。杆平常主要放在会所里，横着放，用黄布罩着，出会时是登杆会员表演的工具。

附录三
大六分村登杆圣会会员情况

现在的主要出会登杆人员有：

张亭玉，31岁； 张文军，13岁；

张　杰，21岁； 陈　壮，13岁；

陈祝立，30岁； 杨东硕，12岁；

李文生，35岁； 强福来，12岁；

张洪合，31岁； 陈楠楠，11岁；

于文刚，32岁； 崔宇堃，12岁；

张根来，28岁； 李成烨，9岁；

张俊涛，31岁； 于文瑞，10岁；

杨文友，37岁； 朱雨晨，12岁；

杨文祥，47岁； 杨　浩，10岁；

强　振，19岁； 李同喜，21岁；

孙运涛，21岁； 高　爽，23岁；

刘　超，23岁。

因年龄和工作原因不参加演出的人员：

刘凤山，81岁；强兆和，15岁；

强万义，77岁；于万友，44岁；

强万里，74岁；陈志洲，42岁；

李祖岐，73岁；高家伍，44岁；

芦长云，72岁；刘印华，62岁；

强万智，71岁；强兆明，43岁；

高家岐，64岁；强兆喜，43岁；

强兆庆，60岁；刘印顺，43岁；

崔秀武，52岁；朱金锁，36岁；

寇正春，50岁；刘印增，35岁；

李要刚，48岁；杨文国，37岁；

强兆凯，48岁；刘　艳，35岁；

贾立龙，48岁；李成秋，33岁；

王春洪，47岁；张俊海，31岁；

吴洪胜，47岁；张　超，28岁；

孙宝齐，47岁；陈祝来，27岁；

于国庆，45岁；刘文玉，23岁；

卢文森，40岁。

外村人员（姜家场村）：

孙中凯（32岁）。

附录四
大六分村登杆圣会相关方言称谓

1.出门子：嫁人。

2.好喜：喜欢。

3.破：破灾。

4.懂局：懂行。

5.拍瓜儿：鼓掌。

6.硬苛：技术过硬。

7.末了：最后。

8.出溜：往下滑。

9.没根：没准、不确定。

10.大家主儿：有钱人。

11.操持：管理。

12.不出毛病：不出事。

13.当前儿：当天。

14.全和人：家中父母健在、儿女双全、婚姻美满等要素具备之人。

后记

　　每年农历四月初五是静海县大六分村登杆圣会传统出会之日，这一天，他们要去离村子三十里地的鄞里村的药王庙庙会出会。我们特意在农历四月初四到达大六分村开始田野调查，因为杆会作为一个传统村落中的民间组织，一过正月不出会时，该上班的上班、该上学的上学，不可能单独表演给我们看。会所中都是阅历丰富的老者。会所分两间，里间为小间，供着药王等全神图；外间为大间，放着神杆等各种表演器具。第二天，四月初五出会之日，我们跟随杆会一起出会，考察了整个的请杆仪式、表演动作、出会过程以及目前杆会的传承与保护情况。

　　大六分村登杆圣会和农耕文明时期的求雨习俗紧密相关，由具有宗教仪式性质的求雨活动逐渐衍化为一种娱乐竞技会，仍然传袭着传统的出会时间、出会仪式，仍然代代口耳相传着小白龙求雨的神话传说，这些神话传说被世代流传，建构了杆会起源的神话传统和动作蕴含，使我们在对登杆圣会进行考证源流的时候，对这种民间技艺蕴含着的象征意义产生了浓厚的兴趣，同时，也为其神秘性所吸引。

　　民俗研究除了要关注传统社区的文化遗留物外，还要关照传统社区的文化在当下的社会空间中所发生的变迁，在对话的基础上，给予整体的全景式的关照，而非是片段的断代的理解。秉承着这种民俗研究的理念，我们不仅调查了大六分村的文化遗留物——杆，更主要的是考察其在当下的社会空间中发生的传承与变迁。首先，无论是大六分村的管理者还是登杆圣会的会头和会员都意识到杆会对于传统村落的重要性。曾经有个北京商人来该会表示要用80万元购买会里的杆，被他们谢绝，因为一旦卖了这个杆，杆会就没了，而且也会遭到村里人的唾骂。杆是大六分村的图腾，不仅是表演器具，也是祭祀器具，并且是村民的信仰符号。其次，该会仍然传袭着传统的出会时间、出会仪式以及民间信仰等，是农耕文明在现代生活中的一种体现。杆会聚集的不仅是村民对村落的认同，而且杆会和药王信仰交织在一起，形成了大六分村整体的信仰空间，每次出会对村民来说都是一次狂欢，也激发了他们的凝聚力和向心力。一年几次的出会周期性地建构和强化着他们的信仰与认同。另外，登杆对于村民来说还可以强身健体，药王和杆会不仅可以保佑出会时期的顺利与平安，而且还可以保佑他们日常生活中的平安健康。在我们的田野调查中，四月初五上午结束出会后，表演登杆的几个孩子下学后又来会所练习，他们互相竞争，各不服气，争相表演给我们看。杆会的传承方式是集体传承，只要是会里的老会员都可以培养年轻一代，老会员看着年轻的会员练习都会指点，形成了一种集体传授和集体培养的习惯。大六分村的男性村民从小就在会所里呆着，耳濡目染，而且无论是会所内还是会所外都装了单杠，小孩儿随时可以在单杠上练习登杆的基本功，成为日常生活的一部分。所以，该会很少为传承人的断档问题而担忧，但他们最为担心的也还是传承问题，因为杆会如果没有人传承，就会走向濒危。大六分村邻近的几个村子之前都有花会，但是随着村民外出打工的人越来越多，"空巢"现象严重，再加上村里不够重视，这些传统村落中的民间花会也随之消失。大六分村基本上90%的村民都固守着这片土地，所以，出会时，只要村里的男性村民愿意跟着出会，就算是会员，没有门槛，才形成了杆会在大六分村的全民性质（女性除外）。以地域性为纽带组合而成的民间花会，传统村落以及人是民间花会生存的关键。大六分村的日常生活、村落制度、杆会的出会与表演、大六分村的小白龙和药王信仰，共同组成了大六分村的文化空间，其中信仰是核心，日常生活实践是基础，杆会是其表层。杆会必须建立在信仰以及日常生活实践的基础上，这样才能够更好地传承民间花会。

但是在采访的过程中，我们发现杆会自己保存的资料特别少，杆会的历代会头及会员情况、杆会的起源与发展都没有留下档案资料。每次出会的影像资料，该会也没有。无论是杆会的神话起源，还是出会祭祀传统都靠口耳相传、口传身授至今；鼓、钹的敲奏没有曲谱，表演动作没有舞谱，这也是传统村中民间花会普遍存在的一个问题，没有建立该会档案的意识。我们向杆会提及希望他们把每次出会的资料都用录像和文字的方式留存下来。同时，民间文化完全是口口相传没有文献记载，它还具有不可复制性。正是由于这个原因，才彰显出"非遗"的文化意义和历史意义。

该书的资料一部分来源于笔者在大六分村的田野调查；另一部分是文本性的文献资料，如《静海县志》《台头镇志》以及王赛时等学者的文章，在此一并表示感谢。

最后，要诚挚地感谢静海县大六分村登杆圣会会员对于笔者田野调查的帮助。

2013年6月

于天津大学冯骥才文学艺术研究院

图书在版编目（CIP）数据

静海县台头镇大六分村登杆圣会/史静，管淑珍
著．—济南：山东教育出版社，2013
（天津皇会文化遗产档案/冯骥才主编）
ISBN 978-7-5328-8154-3

I.①静⋯　II.①史⋯　②管⋯　III.①风俗习惯-
史料-天津市　IV.①K892.421

中国版本图书馆CIP数据核字（2013）第223927号

天津皇会文化遗产档案丛书
静海县台头镇大六分村登杆圣会
冯骥才　主编

主　管：山东出版传媒股份有限公司
出版者：山东教育出版社
　　　　（济南市纬一路321号　　邮编：250001）
电　话：（0531）82092664　　传真：（0531）82092625
网　址：http://www.sjs.com.cn
发行者：山东教育出版社
印　刷：山东临沂新华印刷物流集团有限责任公司
版　次：2013年10月第1版第1次印刷
规　格：787mm×1092mm　　16开本
印　张：11.25印张
字　数：140千字
书　号：ISBN 978-7-5328-8154-3
定　价：65.00元

（如印装质量有问题，请与印刷厂联系调换）
印厂电话：0539－2925659